総合人間学 13

科学技術時代に総合知を考える

文系学問不要論に抗して

総合人間学会 編

ハーベスト社

総合人間学13　科学技術時代に総合知を考える：文系学問不要論に抗して

目　次

目　次

Ⅲ　総合の試みとコメント

まえがき

阿部　信行

「科学技術時代に総合知を考える――文系学問不要論に抗して」と題して、総合人間学13号をお届けする。まず提題の趣旨説明をしよう。

提題の趣旨　3・11のあとの討論番組は衝撃的だった。多数の専門家たちが集まり、専門的知見を披露し議論しあうも、誰一人として全体像をもっていない。いや持とうとすらしていない。全体像を前提にして語ることがまったくできない。まさに「群盲、象をなぜる」であった。このときほど専門知の無力さを思い知らされたことはない。巨大科学技術の怪物性と総合知の必要性を痛感させられた瞬間である。科学技術時代が総合知の必要をまねきよせ、科学技術の進展が総合知の必要性をますます切実なものにする。

では狩猟採集時代であったならばどうか。思考実験してみよう、科学技術時代と狩猟採集時代をぶつけあわせスパークさせよう。狩猟採集時代であれば総合知を考える必要はない。あの世（天）もこの世（地）も分かちがたく結びつき、事物と生物の分別もなければ（アニミズム）、実体と機能の識別／分化も、機能の諸機能への分化もなかった。科学技術時代に止めどなくすすむ機能分化と、その末の実体（実態）忘失の危うさとは真逆に、すべてが一体・連続し、総合的であった。いわば本然的総合性とでもいおうか。ピュシス（自然）はノモス（社会生活）であり、ノモスはピュシスであった。また生活は問学であり、問学問学……のくりかえしが日々の生活であった。いわんや文系と理系の分化もない、文系のなかの人文科学と社会科学の分化もなければ、理系（自然科学）のなかの理学と工学の分化もなかった。さらにいえば、理学のなかの物理学（狭義理学）と生物学（生命科学）の対立も、生命科学（ライフサイエンス）と生命工学（バイオテクノロジー）の緊張もなかった。現代のこれら諸「科」学をつらぬく基礎と総合と応用の緊張ももちろんなかったろう。だからそもそも「知の総合化」をわざわざ考えるには及ばないし、総合の夢も実現への努力も不要だったであろう。すなわち「狩猟採集時代に総合知を考える――文系学問不要論に抗して」ということ、これである。

狩猟採集時代を忘れたくない。クリガン＝リードの最近著『サピエンス異変』は、われわれ現代人の生活がいかに歪んでいるかを説く。腰痛、肥満・高血圧、近眼、眼精疲労、ゲーム障害……。背後に椅子、農具・工具、蒸気機関、文字、パソコン。大人も子供もスマホとにらめっこの電車内風景……。しかしもともと人間は、草原を走り回り、動物を狩り・植物を採って生きていた。暮れれば身を寄せあって眠り、明ければ目覚めて立ち上がった。そんな狩猟採集生活の時代がどれほど途方もなく長かったことか。人類の歩みが、高次産業社会に生きる現代人のスケールに翻訳して示される。勤務時間を午前9時から午後5時までとすれば、農耕の始まり（1万年前）はようやく午後4時58分、産業革命（18世紀半）にいたっては4時59分58秒。したがって人類史のほとんどは狩猟採集時代であり、2秒にも満たないのが科学技術時代なのである。

鏡としての狩猟採集時代。「科学技術時代 vs 狩猟採集時代」という軸となる構図とともに、もうひとつ忘れたくないことがある、それは〈現代にも狩猟採集の民がいる〉という事実である。現代人は「われわれ」だけではない。狩猟採集民もわれわれのたいせつな同時代人なのである。大いなる遠過去の生ける証言に、また科学技術（とわれわれという存在）の暴風・副作用を前にしてのしわぶきに、どうしてわれわれは耳を澄ますことができないのか。列島に暮らすわれわれ自身の中の縄文人ＤＮＡが全ＤＮＡ中の10％をしめること（国立自然科学博物館チーム２０１９年5月発表）を考え合わせれば、なおのこと疑念は強まるであろう。

本13号の構成と読み進め方　総合人間学13号「科学技術時代に総合知を考える――文系学問不要論に抗して」は3部構成をとる。現在から、過去（２０１５年の近過去と昭和期前期の中過去）をへて、狩猟採集時代の遠過去と科学技術時代文明の現在へ、という時間性の観点から編まれている。以下（まえがきの後半）では慣例にしたがい各部とその収録論文について読み所を紹介してゆくが、その前に本書の読み進め方について一言。本書は少なくとも三通りの読み進め方ができる。⑴「まえがき」を全部読み、Ｉ部→Ⅱ部→Ⅲ部→あとがきへと、目次どおり順によんでゆく。⑵「まえがき」の後半を飛ばして、直接各論文に赴き、自分の目で各部の諸論文を読み進める。⑶「まえがき」後半もＩ部・Ⅱ部も飛ばして、いきなりⅢ部にすすみ総合知・総合化の次第をつかみ、あとはご随意に。読者はいずれかを選び、もって自らの便宜とされたい。

「Ｉ部　総合の夢」は、中村俊（生命科学）「〈異文化交流・学びあい〉としての共創的発達」。これが本号全体の序章として、よきチェチェローネ役をはたす。本文を読み始める前に、まずもって論文末のリンクでYou Tubeをご覧あれ。ＡＩロボットらのアーム群（目と手の協働調整による各自固有の多様な物掴み学習とその成果＝経験の相互伝達による共有）、アフリカ・バロ族のひとびとの生活のなかの連起する心地よいリズム・音群とＮＹ暮らしの坂本龍一の近作「async」との意外なレゾナンス、視聴覚障がい者と健常者をつなぐSignAllプロジェクトなど。科学技術の最前線がその負の側面（ドローン兵器）への目配りと科学技術者らの心意気ともどもハッキリと感覚的に堪能できよう。このように感覚把握をしてから、本文にすすみ、概念的把握にいたるのも、ひとつの読み方である。お勧めしたい。ともあれコンセプトの中心は「対話」、それもヨコ（身体をもった他者と）タテ（進化史上の生きとし生ける物と）へと「拡張された対話」であり、それは昨今いたく軽視される「講読 Reading」というレッスン／営みの延長線上に位置づけられる。そしてこの貴重な核心を我々が見失うとき、人間はロボット以下になる。今や警句は「ロボットになるな」ではなく「ロボット以下になるぞ」なのである。中村論文は〈人間とロボットの関係は逆転しつつあるようだが、それでいいのか〉と鋭く問いかけると同時に、〈そもそもロボット以下の存在になりさがるのなら、総合の夢を追いかけることなぞできるわけがないだろう、前件を欠く者に夢追求の資格はない〉とひそかに断ずる（とも読み取れる）恐ろしい論文だといってよい。

夢実現の可能性がたとえ確保されたとしても、その時代時代の権力はガリレオの例を引くまでもなく科学技術（の営み）に介入する。いわんや世界戦争をへた20世紀半ばに第一の生産力となった科学技術であれば、政治権力であろうと経済社会権力であろうと介入癖に変わりはない。

「II部　総合を妨げるもの——文系学問不要論、その背景・原理・歴史」は三本の論文を配する。その第一は濱中淳子「データからみる文系学問不要論の背景」である。長らく高等教育の現場をその市場動向と政策動向に絡ませながら追いかけてきた濱中（教育学）は、矢野眞和の先行研究（大学教育の効果測定のための分析枠組＝機能×認識のクロス・マトリクス、学び習慣仮説、工学部卒業生調査データ）を手がかりに、2つの背景をあぶりだす。ひとつはいわば「大きな背景」で、文系不要論をより広範かつ一般的な「大学教育要不要論争」の前に立たせようとするものである。つまり、大学教育とそこでの専門的学知の有効性をめぐる論争につき矢野が必要論と不要論の対立を「実質説」「陰謀説」と「空洞説」「隠蔽説」に整理分節したのをうけて、文系不要論は単一ではなく隠蔽説（文系学部で教えられた文系知が有効であるのに無効と誤認されている）と陰謀説（無効なのに有効と錯覚・虚言される）二つのタイプがありうることを明らかにする。そして濱中自身はといえばその隠蔽説――なお後出の竹内第二論文のいうイデオロギー＝虚偽意識にも相通ずる説――に着目し、工学部生でなく経済学部生を調査対象にすえる一方で、そのデータを経済学部卒業生と企業側リクルーターとの関係に焦点をあわせ分析する、結果として後者の学生時代における「学び習慣」の有無が不要論のカギをにぎり、後者リクルーターこそが不要論の有力提唱者であること（いわば「小さな背景」）をつきとめる。矢野の先行研究を踏襲・発展させた濱中の論考は、社会調査・統計分析の手法と仮説検証型の論理を駆使した手堅い禁欲的な実証論文である。

これと対極的なのが第二論文、竹内章郎「人文社会科学の軽視と新自由主義（ネオリベ）」である。竹内は射程遠大に哲学の立場から、イデオロギー批判の手法をもちいて不要論に分析のメスをいれる。そしてその底にうごめく原理として「ネオリベラリズム」を摘出し、その何たるかを明るみに出す。その正体はふつう「自由市場至上主義（自己所有権）」という一要素だけ、もっぱら経済的なもの（経済的自由権）とみられがちだが、そうではない。「強い国家権力」という第二の要素を見失うな、と注意を促した上で、ネオリベが単なる原理ではなくイデオロギー（虚偽意識）たる所以へと踏み込む。それが、「文系軽視はネオリベ的文系構築だ」というテーゼ、すなわち〈ネオリベラリズムは新たな文系観・新たな文系学術体制を構成・構築する〉という竹内独自のテーゼであり、そこからは（平和主義と文化国家建設という戦後の基本コンセンサスにもとづくものと新興のネオリベのもの）二つの文系観、二つの高等教育政策が角逐する様が心眼の前にありありと立ち上がるだろう。そして意識と対象両面に働きかけるこの隠微な作用の効果＝帰結を、20世紀末から現在までつづく大学・学部再編の嵐のなかに見届ける。

ところで竹内論文も濱中論文もじつは２０１５年６月の下村文科省大臣通知とそれをめぐる一連の騒動とがもた

らした余波の下にある。ではこの近過去をもう少し長い時間幅で検討したらどうなるか。不要論理解をさらに一歩深めるために、波紋を中過去に遡らせてみよう。

第三論文、小石川祐介「戦前・戦時下の人文社会科学と法学者」は、1929〜1945年を主要舞台に、またその前・後（前ワキに幕末明治と大正・昭和前期の1928年、後ワキに1951年）にも目配りしながら文系不要論の歴史的系譜を全般的かつ個別的にさぐるものである。しかもそうすることで、理系必要論との強烈な対比を炙り出すものになっている。広く人文社会科学全般については論文冒頭の文部官僚回顧談（1951）と末尾の大商法学者にして教育基本法制定推進者・田中耕太郎文相の発言（1946）（のち最高裁長官）が見事な要約・証言となっているが、戦況の悪化した東条内閣下のあえて一事件、いわゆる学徒出陣に注目すれば、それが〈文系学生は戦場の消耗品、理系は銃後の兵器開発者〉とする趣旨の「在学徴集延期臨時特例」(1943) と〈理系大学・専門学校は拡充、文系は理系への転換ないし定員削減〉を旨とする閣議決定「教育に関する戦時非常措置方策」(1943) に支えられていたことが明らかにされる。この強烈な文理の差別扱いはそれ一点だけとっても、先にのべた下村大臣通知への反発（2015）をムベナルカナと思わせるに余りあるものではないか。今後も世代をこえて記憶にとどめられてよい史実であろう。また、幕末・明治期に文理の別なく西洋学術を摂取した姿勢が、ただの輸入・模倣だとの揶揄や独創性欠如の批判をうけてどれほど遠ざけられ捻じ曲げられてしまったかを物語るものでもあろう。

意外なことも小石川は明らかにしている。人文社会科学全般ではなくその中から法学が個別にとりあげられる。現在の独立行政法人日本学術振興会の前身のひとつ、財団法人日本学術振興会（1932年設置）を舞台にした法学者たちの総合研究（1933-47）に顕微鏡をあてると意外なことが判明するのである。そこでは非＝戦時の現在も通用する立法史料の整備がなされ、また戦時体制が本格化した1937年以降の、わけても40年代の戦況悪化著しい状況においても法学者たちはぎりぎりのところで法律家としての矜持を守った、つまり日本法理に流されるのでも抵抗を企てるのでもないが、非常時法の研究といえども明治憲法の解釈枠を堅持したというのである。法制史学会の伝統的理解に対して果敢な挑戦ともなっている。

総じてみれば小石川の論文はカズイスティークと法則・法規・法理念とを両輪とする法学を背骨とする法史家として、濱中論文とは異質な実証性（人文学特有の文献学型実証性）をみせる一方で、竹内のネオリベ論文を期せずして補完するものとなっている（国民国家モデルにつきまといがちな富国・強兵のうちの強国要素の肥大としての「軍国主義」「総力戦」イデオロギー）、のみならず両者の概念的振幅（文系不要論の「不要」＝廃止から軽視までの概念的スペクトル、関説されるアクター概念の経済的から国家的までのバラツキ）を事例の豊富さによって治め、敷衍すらするものとなっている。細部を味読すべき論文である。事実（歴史）は小説（理論・理論的実証）よりも奇なりの好例といってもよかろう。

「Ⅲ部　総合の試みとコメント」は、これまでの、背後に学術特有の「やりかた＝方法論」をやどすが故にいささか晦渋なところもあった第二部・第一部の諸論文とは違って、ずばり主題にきりこむ二本の論考を収める。メインは独文出身の自然人類学者による講演録、尾本恵市「人類学の新たな総合化をめざして――DNAから人権まで」、そしてそのコメントが、塚原淳一「（コメント）企業活動の観点から――《総合知》の重要性と活用の諸相」である。塚原の自分史も尾本の来歴にまけずおとらず興味深い。理学部の物理学科・量子力学専攻で卒業後入社した多国籍大企業で光の研究者から照明の技術者・製品開発者へと転身そして企業内失業の経験をへて経営者となった実務家、それが塚原であり、その塚原の論考は、尾本による総合化の企てについてのみならず文系不要論へのコメントをも含むが、何よりそれ自身が総合の試みともなっていることが特記されてよい。

どちらの論考もきわめて含蓄深いものだが、平易な読み物となっている。概要紹介は省き以下それぞれの背骨＝バックボーンを指摘するだけにしたい。

尾本の場合それは、幼少年期の原体験と、青年期の終わりのドイツ留学でえた集団遺伝学（当時最先端の分子生物学）である。国家総動員法制定（1938）により戦時体制が決定的となったあの時代に尾本少年はルリタテハ（蝶）の美しさに魅了され自然界への目をひらかれる一方で人間社会の、なんとも釣り合いのとれぬ家政婦さんへの処遇に、ルソーのエミール君同様、正義感情をほとばしらせる。この原点が、長じてただの自然人類学者であることを許さない。文化にむかう米系の文化人類学と社会構造にむかう欧系の社会人類学双方に総合をよびかけさせるだけでなく、国内ではアイヌの人々・国外ではネグリトの人々への共感と対話へと踏み込ませ「先住民の権利・人権の擁護運動」にコミットさせている。尾本にとって研究対象は単なる標本ではなく人間なのである。しかし人間といってもアーリア物理学や焚書・ニュルンベルク法を出来させた民族神話の罠が待ち構えている。その解毒剤となるのが集団遺伝学である。日本人論が国家神道に転落するのを尾本の人類学は許さない。

一方、塚原の背骨はといえば、洋の東西・体制の違いをのりこえて需要・受容される照明の科学技術と、物理学徒の頃から学びつづけてきた仏教思想である。もっとも仏教思想といっても仏陀ではなく釈迦に力点がおかれる。神格ではなく人間がやはり大事なのである。人生におもいなやみ・まよいにまよった人間釈迦の思想と、現象の底の底の底の……無人境ですらありうる根底にやどる本質へとむかう物理学の精神とを導きに、「深い人間理解」と、それに裏打ちされた（製品やシステムへの）「深いアセスメント」と（企業・経営への）「正しい判断」とが塚原によって語られるが、これらすべての前提に総合知がすえられているのである。

さあ、旅に出よう。「過去に目をとざす者は現在の世界も見えない」を胸に刻んで、科学技術の時代に「我々は何者であるか、何処からきて、何処へ行くのか」をさぐる総合知の探究におもむこう。

I

総合の夢

——その実現可能性と不可能性の条件

異文化交流・学びあいとしての共創的発達

――それはいかにして可能となるか――

中村　俊

はじめに

ボストン美術館が所蔵しているゴーギャンのタヒチ島での作品に「われわれはどこからきたのか、われわれはなにものか、われわれはどこへいくのか」というフランス語のタイトルが書き込まれている大作がある。ゴーギャンが精神的危機のなかで描いたこの作品は、「ことばがいかに無力なものであるか」という彼自身の説明的記述とともに100年以上たった今、ますます重みのある問いかけになっている（尾本2016）。この問いに応えることを意識した論考は、人類学のみならず、歴史学、社会学、経済学、教育学はもとより進化心理学、認知科学、動物行動学、脳科学など様々な分野の研究者が著書を出版しており、この十数年はその傾向が顕著である。目につくものを挙げてみよう。ユヴァル・ノア・ハラリ『サピエンス全史』(2016)、スティーブン・ピンカー『暴力の人類史』(2015)、フランス・ドウ・ヴァール『道徳性の起源――ボノボが教えてくれること』(2014)、クリストファー・ボーム『モラルの起源』(2014)、グレゴリー・クラーク『10万年の世界経済史』(2009)、山極寿一『暴力はどこからきたのか――人間性の起源を探る』(2007)、スティーブン・ミズン『歌うネアンデルタール』(2006)、長谷川眞理子『ヒト、この不思議な生き物はどこから来たのか』(2002) などである。教育的な試みとしても、宇宙の始まりから現在にいたる138億年を連続的にたどる歴史を高校から教えようという国際的な取り組みがある（ビッグストーリー）。オーストラリアからはじまり、アメリカ合衆国、カナダ、英国、韓国、ロシアなど約6000校が実施しているという（宮澤 2017）。

こうした論考が試みられていることの背景は言うまでもなく第二次大戦をへて数十年がたつにもかかわらず世界のいたるところで戦争が繰り返され、環境破壊による地球上の生命の存続が脅かされることを代価／条件に生産技術が高度化し、インターネット市場には多様な商品が大量にあふれる一方で、社会的資源へのアクセスも含めて貧富の格差がいたるところで広がるという何とも葛藤に満ちた人間関係が世界を覆いつくしているように見えるからだと思われる。この現実に対して、自分たちが次世代に負っている責任をはたそうと向き合うとき、古今東西の知恵を今に呼び出し、そこに学ぶことが切実に求められる。しかも、一人の巨人的努力によってそれを行うのではなく、学びあう対話的努力とその継続によって新たな生きる知恵と実践を共に創ることが何としても必要になっているのである。そのうえ、対話を失ったモノローグ的な文明は絶滅するという人類学の考察もある（尾本 2016）。

そこで、この小論では、脳科学の立場から、今求められている人間の理解について2点に絞って考えてみたい。まず、科学技術時代の一つの象徴である人工知能技術と対比しながら生きものとしての人間の「能力」の特徴を述べよう。つぎに、その「いきる」という原点からどのようにして新しい文化的価値を創造することが可能なのかについて検討する、しかも社会的身体の共同性とコトバの記号性という視点から検討をすすめたい。他者と協働して新しい文化価値・生活価値を創造するためには、自らの常識的で無反省な外皮的意識をいったんは脱して意識のゼロポイントに立ち還り、そこから、新しい文化的意味を再構成する努力が必要だろう。本稿では、そうした社会的な営為とその継続のための手がかりを考えてみたい。

1. 人工知能技術とヒトの知恵

(1)人工知能はどこまで進んだか?

人工知能は今、第三のブームを迎えている。第一のブームは１９５０年から60年代にかけてである。この時期には、コンピュータによる推論や探索のアルゴリズムが開発され迷路やパズルを解き、チェスの世界チャンピオンに勝つなどが、話題になった。第二のブームは１９８０年代で、専門的知識の学習と予測技術が開発され、エキスパートシステムとして結実した。今日のブームは２０１０年頃から顕著になった。機械学習、深層学習の開発が進み、特に音声言語の認識技術や画像認識の技術において目覚ましい進歩があった。アルファ碁という人工知能が世界的なプロの囲碁棋士にハンディキャップなしで勝ったというニュースは記憶に新しい（２０１５年10月）。

人工知能をめぐる議論を読むと（「人はロボットを愛せるか」『The Asahi Shimbun GLOBE』October 2018 No.210）、楽観論と悲観論があいなかばしていて、どう受け止めてよいのかとまどっている状況が伺える。楽観論にも2種類あり、ＡＩ技術が進んできたと言っても、まだまだ人間の総合的な知恵や職人的な技にはほど遠く、とりあえず気にすることはない、というタイプと、結局は人間と共生可能になるだろうという期待に分かれる。一方、悲観論は産業革命において機械制大工業が人間労働を駆逐したように、精神労働もＡＩ技術にとってかわられ、遅かれ早かれ、人間を凌駕する人工知能をもったロボットが人間自体を不要なものとして駆逐する時が来るだろうというものである（カーツワイル2016）。人工知能研究者自身は、典型的には人工知能とＡＩ技術を区別することを提案する（人工知能学会 2015）。すなわち、人工知能はまだＡＩ技術と呼ぶべきで、人間のように高度に汎用的な知識、技術を学習によって自律的に身につけるという意味での知能には達していないと考え、人工知能とは呼ばずにＡＩ技術と呼び、自律的で汎用的な知識を獲得するＡＩ技術を開発することが人工知能研究の今後の最も重要な課題としている。

コンピュータ技術や、その一つの発展方向としてのＡＩ技術の恩恵にあずかり、それを利用している人は多いが（スマフォの販売台数は年間15億に達しようとしている）、その作動原理や、技術の詳細について理解している人はほとんどいないだろう。このような不透明性こそＡＩ技術の特徴の一つであると言われている（友寄 2018）。それだけに、ＡＩ技術の社会的帰結について考えるためには、ＡＩ技術によって今どのようなことが実現されつつあるかについて見当をつけておくことが大切だと思われる。以後、本論では、人工知能を人工知能技術と狭く限定して使う場合には、ＡＩ技術と略記し、広い意味での人工知能研究やその考え方を意味する場合には人工知能と記述する。

一つの事例を挙げてみよう。人工知能研究の拠点は世界にいくつも存在しているが、UC Berkeley の Sergey Levine[(1)]はその第一人者の一人である。Levine のグループと Google の最近の共同研究の成果について下記の動画で見ることができる[(2)]。

この研究では、ロボットアームが物体を把握する動作を学習する。ロボットアームの〝目〟はカメラだが、立体視可能で物体の形状を深層学習によって認識し、ロボットハンドの適正な使い方を教師なしで学習する。物体をつまんで落とさずに別の容器に移すことを課題に、自律的に目と手の協働を学んでゆく。このプロセスは人間の子どもが手の動作と視覚を物体把握というゴールにむけて協働させることを試行錯誤しながら習得するプロセスと類似している。ロボットアームにも物体把握と移動に成功するという動機はあるが、人間の子どもの動機は自発的なもの（spontaneous）であり、達成することの喜び、周囲の励ましと共感などの情動に促されているだろう。逆に子どもの試行錯誤よりもロボットアームの学習が効率的なのは、複数台のロボットアームが通信機能で結ばれていて、個々の試行錯誤の成功・失敗の経験を瞬時に共有する点だろう。もちろん人間の子どもも他者の経験から学ぶが、インターネットにつながった、それこそ何百万ものロボットはその経験を共有し目と手の協働を学習する。先に述べたアルファ碁も、プロの碁棋士の譜面を覚え、アルファ碁同士が何回も対戦して新しい手を開発したからこそ一人のプロ棋士に勝てたわけである。

人工知能の別の開発成果を紹介したい。それは、手話の自動翻訳である。聾や聴覚障害をもった人のコミュニケーションを支援するために手話の動画から、深層学習によってテキストの形式で自動翻訳するシステムが開発されている（SignAll）[3]。聴覚障害をもつ人は世界で3億6千万人と言われている。しかし手話は多様で、個々の言語に要求される翻訳機能は個別的な対応が求められ、マイクロソフトなど大手の企業は潜在的なニーズは認識していても、ビジネスとしては手を出しにくい。この会社は数十名の規模だが、数学者や聾協会で活動している人、そして当事者が共同で立ち上げたものである。ＡＩ技術が人間の日常生活の課題をポジティブに支援している事例だろう。

この一方、人工知能を搭載し、戦場でクールに敵を殺傷するためのＡＩ兵士の開発がアメリカをはじめ兵器大国で進んでいて、国連でその開発を規制するための議論が行われている。これに対してアメリカ、ロシアが反対を表明しているという残念で、警戒すべき現実もある[4]。

(2)人工知能ロボットは東大に合格するのか？

「東ロボプロジェクト」（新井2018）という人工知能研究がある。この研究開発では人工知能の可能性をテストする試みとして、大学受験問題を解くことを課題とし、工学研究者、教育学研究者、言語学者など100名近くが参加し、数年がかりでプロジェクトを遂行した。その結果、センター試験世界史Bでは正答率75％、偏差値63・3を達成した。解き方はセンター試験問題の7割が選択式であることに目をつけ、問題は読まずに選択肢の文章を読み、その論理矛盾や事実誤認を識別して回答するというもので、受験慣れした受験生がやりそうな方略である。数学は文章問題の扱いが大変で開発に時間がかかったが、一旦数式に変換できれば、こっちのものである。東大の2次試験6問のうち、4問が正解で偏差値76・2であった。一方、英語と国語では苦戦し、偏差値はそれぞれ50・5、49・7であった。このような結果になったのは、今の人工知能は文章の読解や明記されていない暗黙の了解、いってみれば常識を身につけることが難しいことを意味している。これは、文章を読んで理解するというのはどのようなことか、暗黙知をどのように学習しているのか、さらにその理解や学習プロセスをコンピュータ上に実装するにはどのようにしたらよいか、について研究者の側でもよくわかっていない部分があるということを意味している。

このプロジェクトには、後半がある。それは、人工知能にとって難しい文章の理解（読解）は、子ども達にとってどうなのか？という調査を行ったことだ。その結果は大変に残念なものだった。すなわち、東ロボ・プロジェクトが開発した読解力テストを東京や近郊都市の中学生、高校生2万数千名を対象に実施したところ、いくつかの問題について、中学では約4割が、高校でも約3割が正答できなかったのである。これが意味するところは、人工知能にとって難しい文章の読解は、子どもにとっても難しいのであり、さらに今の学校教育では読解力が育つような丁寧な教育的関わりが出来ていないということである。長年学校図書館の司書として働いていた赤木かん子は、読解力はそれ固有の技術や知識が必要で、数学と同じように教えてもらわなければ育たないとしている（赤木2018）。大学でも学生に読解を教える講義は消えかけており、教員資格を取得し小学校の教員になっても子どもたちの読解力をどう育てればよいかわからないのも無理からぬ話である。赤木は、読解力を育てるためには朗読すること、他者に伝わる朗読を学ぶことを勧めている。親が子どもに本を読み聞かせるという関わりが、親と子、双方の読解力を育てることになっている、とも考えられる。

⑶人工知能の進歩によって20年後に消える仕事、残る仕事

人工知能によって人間の仕事が奪われるという言説をよく耳にする。しかし、誰がどのような根拠に基づいてそのような主張をしたのかについてはあまり伝わってこない。２０１３年にオックスフォード大学の研究者が学術的な論文を書いた（Frey & Osborne 2013）。この論文は工学的な論文で以下のような基礎的な調査と分析を踏まえている。すなわち、さまざまな仕事において現在どのようなＡＩ技術が使われているのか、今後20年間でその仕事に関連の深いＡＩ技術はどこまで進歩しているのか、そして、その技術が導入された時に、技術的にはどの程度、人間労働を置き換えることが可能かである。著者らは、それを統計モデリングによって人間労働の置換の程度を予測した。資本主義システムでは、機械のコストが労働力のコストよりも安くならない限り機械は導入されない。したがって社会予測のためには資本主義的生産における労働過程の分析が必要になるが、この論文ではそこまでの分析は行っていない（友寄2018）。

彼らの予測はよく知られているように、定型的で単調な仕事では置換率が高いというものだ。例を挙げると、銀

行の融資担当者、スポーツの審判、不動産ブローカー、レストランの案内係、保険の審査担当者、動物のブリーダー、電話オペレーター、給与・福利厚生担当者、レジ係、娯楽施設の案内係、チケットもぎり係などである。すでに置き換えがはじまっている業種もある。銀行の融資担当というのはやや意外な気もするが、融資を受ける人の担保能力の分析は、冷静に数値化する方が融資する側としてリスクが少ないと思われる。一方、残る仕事は、対人サービスで他者との繊細なコミュニケーションが求められる業務である。例えば、レクリエーションセラピスト、最前線のメカニック、修理工、緊急事態の管理監督者、メンタルヘルスと薬物利用者サポート、聴覚医療従事者、作業療法士、義肢装具士、ヘルスケアソーシャルワーカー、口腔外科、消防監督者、内科医と外科医、振り付け師、心理学者、小学校教員などが挙げられている。

この予測結果は、サービスをうける人毎に高度な個別的対応が求められる業務は人工知能による置き換えが困難であることを示していて、なんとなく安心する。もちろん、この知見そのものからは、近未来において、人間が単純・単調労働から解放され、労働そのものがアートに接近し、かつそれで生活できるようになる、という楽観論は肯定されない。先にも述べたように、これは技術的可能性であり、肯定的に考えれば、現代の疎外的な労働の在り方そのものを変えてゆくという実践的な視野のなかで、我々が取りうる選択肢が広がっているということだろう。

2.「いのち」の原点から新しい意味世界を構築する

現在の人工知能が苦手なこと、20年後にＡＩ技術がさらに高度になってもなくならない可能性の高い仕事の分析からヒトという生きものの特質の一端を理解しようとしてきた。そもそも人工知能自体、ヒトが自然と社会の物質交代（代謝）によって生存してゆくために開発した身体の延長としての道具が発展したものである。

ヒトは歩行することができるが、チータのように速く走ることはできない。しかし自動車を発明し、地球上のいかなる生物よりも速く移動することが可能になった。空を自在に飛ぶということに関してもしかり。そして人間が得意な話をしたり、考えたりということ自体についても不足を感じ、計算能力や記憶力の延長としてコンピュータ技術を開発した。それも人間の神経回路網の仕組みから学び、入力層（感覚野）と出力層（運動野）に加え、中間層を間にはさむこと（ニューラルネットワーク）によって原理的には全ての非線形関数を実装することが可能になり、今日の深層学習の発展に至ったのである。ニューラルネットワークの中間層は、いくらでも増やすことが可能で、それによってコンピュータは人間のイマジネーションに近い内部表現を持つことができるようになってきたわけである。

では、ヒトはこうした道具を使いながらいったい何をしたいのだろうか?そもそも、何をしたいかという問いかけは、ヒトという生きものにとって主体性、自発性、そしてその発露としての精神的社会的自由こそがコアとなる特質だと考えるところから生まれる。しかし、今日我々はこの生命の特質を生きぬいているだろうか？一見すると選択肢は多様になり自由が拡大しているかに見える。だが、その選択肢は誰かによって与えられたものであり、それ以外の生き方を選択するためには多大なエネルギーが必要である。そのため、与えられた選択肢を選ぶことを喜びとして受容せざるを得ないように見える。より厳しく考えると、子どもの読解力の低下が指摘され、人間の精神労働までもがＡＩ技術にとって代わられようとしているという事態は、人間労働の疎外が進み、人間自体がまだ開発途上にある未熟な人工知能を搭載したロボットに劣化しつつあることに対する警鐘であるかもしれない。

他者と「ちがう」のだといういのちの原点（大田・山本2016）があやしくなっている、ということは必ずしも杞憂ではなく、以下の調査結果からも示唆されるだろう。すなわち、文部科学省が2007年から毎年実施している「全国学力・学習状況調査」の中で、多くの子どもたちが「学校に行くのは楽しいと思いますか」という質問に、小学生の55・5％が、中学生の47・5％が「そう思う」と答え、「どちらかといえばそう思う」を含めると、小学生では86・3％、中学生でも81・0％となっている（山崎2018）。

したがって、与えられた選択肢を超えて自らのいのちを主体的に生きるためには、どうすればよいのかを改めて考えることが必要であり、この小論の文脈では、「いのち」の原点に立ち還り、言語化された意味世界をいったんは脱して、新しい意味世界を創造することは可能なのか、そのためにどのような考え方と実践がありうるだろうかと問うことだろう。

⑴言葉の分節作用のはじまりの場へ

言葉は強力な分節機能、伝達機能をもっているが、一方で、人間の意識を強く拘束する。言葉はその人が育った文化的環境のなかで、固定的な意味をもちその人の意識を固定する機能も果たすのである。ソシュールが区別したように、話し言葉が規範的言語に浸透しそれを変えてゆくことはよく知られている。しかし、社会の中の支配的言語とそれによって分節される意味から自由になることは容易ではない。個々人の経験は多様であり、多義的な意味を持っていても、規範的意識のレベルでは〝マジョリティ〟の言説に引きずられ、あるいは引き込まれ、〝マジョリティ〟のモノローグにからめ捕られてゆく。この小論で検討したいのは、このモノローグ的言説から自由になり、個々人の体験の実在的多義性を新しい文化的価値、生きることの新しい意味に転換してゆくための記号の働きである。その可能性のひとつは言葉がうまれおちる、まさにその場に立ち還ることである。

それはどのような場であるだろうか？ヒトの言語の起源については人類学、比較行動学、言語学、発達心理学など様々な分野の専門家が協働して解明を試みている。一つの仮説は文法や高度な分節性を獲得する以前の前言語的コミュニケーションは、音声、身ぶり、表情など多様な身体表現手段を組み合わせた全体的まとまり（呪文のようなもの）であり、それが自発的な模倣によって支えられたもので、歌や踊りと近いものだったという考えである（ミズン2006）。この原初的言語の記号性を仮にBody Codeと呼ぶ（図1）。Body Codeというのは、Genetic Codeと同様な使い方である。Genetic Codeは4種ある塩基のうちの3個の組み合わせが1種のアミノ酸に対応している暗号表のことである。この暗号表に従って遺伝子情報がタンパク質の一次構造、ひいてはその高次構造や機能を規定する（セントラルドグマ）。非言語的な要素的な身体表現がBody Codeとなって高次の非言語的意味や言語的意味を生成する。言語のリズムがいかに生活のなかから生まれる身体的リズムと親近性があるかについては、次のアフリカのリズム音楽のビデオからうかがい知ることができる[(5)]。

言語化された世界と非言語的意味世界の交歓

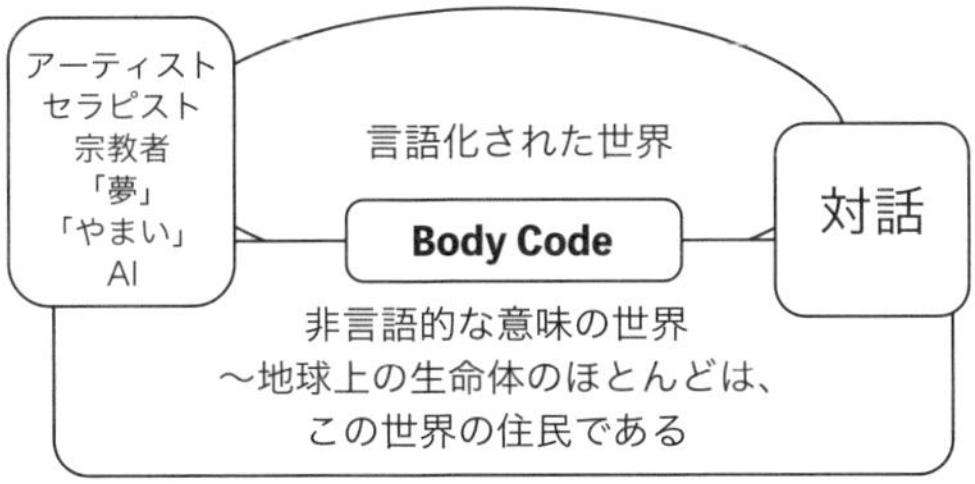

図1

⑵身体的同型性の認識が他者理解の土台

子どもは生まれた時から自発的に微笑む。新生児微笑あるいは生理学的微笑と呼ばれるもので、他者の存在に依存しない情動行動である。しかし早くも2カ月には自ら親や養育者に微笑みかけ、微笑みに微笑みを返すようになる（社会的微笑）。「いないいないばあ」遊びのように、他者と見つめあいながら表情や仕草を模倣し、交歓するという行動はヒトの言葉の発達の基盤であると考えられている（明和2006）。ヒトと同じヒト科ヒト族のチンパンジーには新生児微笑のみならず、生後2カ月頃に社会的微笑が観察されている。しかし、見つめ笑いかけあうという行動は成長の過程で後景に退いてゆく。幼少から人間に育てられ、訓練すれば、コンピュータ上のシンボルを使ってコミュニケーションし、300～500語位の手話を覚えることも知られているが、チンパンジー同士の社会的コミュニケーションにおいてはサインやシンボルという記号的側面は、少なくとも自発的に伸びてゆく認知特性でないと考えられる。

人間の子どもは言葉による他者の心の理解に至るには4、5歳までの成長が必要だが、言葉を使うことが可能になる以前にも他者の心を読むことが知られている。成長したヒトとチンパンジーのコミュニケーション方法は異なっているが、チンパンジーにおいても、人間の飼育者を含む他者の視線を追いかけ、そのまなざしの意味を理解し、見られていることを自覚して群れの中での優位、劣位個体のとるべき行動にのっとってふるまう（Tomasello/Call/Hare 2003）。

これらのことから、非言語的な意味の世界は、ヒトを含む動物社会のコミュニケーションにおいて共通性が高いと考えられる。ヒトによって古くから家畜化されている犬はヒトの心をよく理解する（相互理解だろう）ことが知られているし、鳥類でも警戒音などは種を超えて斉一的な回避・逃避行動を引き起こすことも知られている。

このように、他者理解の土台は、身体的関わりであって、接触し、ぶつかりあい、そのことによって獲得された自己と他者の身体の区別と同型性の認識である。これを端的に示す事例として、再びチンパンジーに登場してもらうと、生まれてすぐ親から分離され、1個体であるいは、2個体で飼育された場合、鏡に映った自分の体が自分の体であることに気がつくかをテストすると（マークテスト、麻酔をして気づかぬうちに額に紅を付け、覚醒後鏡の前で、そのマークに手をやるか等をテストする）、2個体で育った場合はパスするが、1個体ではパスしない（明和2006）。この知見は、自己の身体という認識は他者との身体的関わりを通して発達するということを示唆している。

(3)記号的意味世界の階層性

ヒトは体の大きさに比して大きな脳をもっていることが知られているが、ヒトにおいて特に大きくなっている脳の部位は、前頭野、頭頂野、側頭野などの連合野である。この部位は、まさに深層学習が可能になったニューラルネットワーク型人工知能の中間層に相当する領域であり、他方、一次的に感覚情報を処理する感覚野や、直接に運動を制御する運動野は相対的に小さな領域をしめるようにヒトの脳は進化した。子どもの成長過程で、生理学的微笑が社会的微笑に変化するのは大脳皮質の発達に依存していると考えられる。

ヒトが進化の過程で、いかにして言語という非常に柔軟で強力なコミュニケーション手段を発達させてきたかは現代科学の最大の挑戦的課題の一つと言えるだろう。言語が強力であるというのは、視覚、聴覚、触覚、味覚、嗅覚などすべての感覚情報のみならず運動情報をも言語化して表現することが可能であり、また逆に言葉がこれらの感覚や運動を喚起することも可能だという点にある。しかしこのような言葉の力は、天から降って来たものではなく、社会的微笑みの時期から一貫している他者との対話的関係のなかで発達してきたもので、その社会的約束事としてまさに特定の関係性のなかで生起した記号システムであること（規約的記号性）によるものなのである。

以上のことから、コミュニケーション行動の比較から非言語的意味の世界が生きものの生存空間であることが少しは了解頂けたと思う。それは同時に人間の発達過程で誰もがたどって来た世界である。

そこで次に、発達という軸にそって意味的世界の広がりや深まりについて考えてみたい。そのさい特に、言語化された意識と言語化されていない意識とのダイナミックな関係性に注目したい。そうすることで、深刻な危機にある地球の生命環境における生きもの同士の連帯意識（危機に多大な責任をもつ人間に対してその責任の自覚を育てるための気づきとしての連帯性といいかえうるもの）のみならず、行き詰りをみせる資本主義社会システムの下であっても新しい文化的価値、いきる意味をも創造するための手がかりが得られるのではないか、と考えられるからである。

言語化された意味の世界と非言語的な意味の世界についての鏡餅モデルをまず説明したい（図1）。上にある重ね餅のように描いた楕円は、言語化され意識された意味の世界である。一方、鏡餅の土台部分は、非言語的意味の世界であり、微生物や植物も含め地球上の生命のほとんどはこの世界の住民である。微生物や植物は土中や空気中に拡散するフェロモンや化学物質をつかってコミュニケーションしていることが明らかにされつつある（マンクーゾ／ヴィオラ2015）。

ヒトは、この両方の世界に生きている。特に胚胎してから4、5歳の子ども期に達するまでの過程は、主として他の生物と同じ非言語的世界の住民であったし、実は大人になっても、意識的世界の底に無意識的、深層意識的世界を保持している存在でもある。この非言語的意味の世界は大人になってしまうと夜夢を見ている時を除いてはその存在に気づくことは少ない。しかし、その世界に専門家として関心をもち、組織的だった技術をもってアプローチする人がいる。

それは、セラピスト、宗教者、アーティストなどである。精神を病んだと言われる者もこの深層意識的世界における表象を言語的意味世界に突出させる場合がある。アーティスト、例えば芭蕉のような詩人は、「もの」の二重の認識、すなわち「もの」そのものの感覚的実在性と普遍的な本質意識との葛藤の場に身をおきつつ、私的な意識を離れ、「本情」（芭蕉）がちらっと一瞬だけ「もの」に顕われる瞬間をとらえ句を詠む（井筒1983）。その時の言葉は通常の分節的意味をもった言葉とは異なった次元の意味を帯びてくる。音楽家も音という記号を使って、新しい意味の世界を創造しているが、最近、坂本龍一は強度に同調を求める時代への抵抗として、あえて非同期的な音楽「async」を発信している（坂本・国谷2018）[6]。

さらに図の説明を続けよう。対話は通常の意味では、人と人の関係性において成り立つものだが、それだけではない。言語的表層的意味と非言語的深層的意味とのあいだにも成立する。セラピスト、宗教者、アーティストなどは、後者の意味での対話を媒介する専門家と考えることができる。ＡＩ技術がその対話を媒介することは、にわかには困難であるとしても、ニューラルネットワークの中間層に現れる内部状態は脳のもつ象徴機能に接近する可能性がある。さらに、近年開発が急速に進んでいる量子コンピュータは、量子状態に固有の「量子絡まり」現象を利用し、0、1の2状態（デジタル的）の遂次的処理を行う現在主流のフォンノイマン型の計算機では実現できない非デジタル的で複雑な内部状態をもったコンピュータであり、人間の脳の情報処理により近い、かつ高速なコンピュータとして期待されている。すでに、超電導閉回路を基本素子とする商用コンピュータ（D-Wave, カナダ）が利用可能になっていて、工学的な最適化問題に威力を発揮している[7]。

このいわば縦方向への対話は、セラピスト、宗教者、アーティストなどの心の専門家のみがよくするところではなく、誰もがもっている力でもある。２０１１年の震災以後、被災者自身が作詩し、演劇を上演し、写真展や映画の製作を行っている。震災により慣習的な社会の仕組みまでもが崩壊したまさにその空白から、人々はいのちの原点に立ち還り、互いのいきるチカラを共有・共振させ、たちあがってきたのだと思われる。震災直後からツイッターに詩を発表してきた詩人和合亮一との対談の中で評論家の若松英輔は「現代の文学者たちはいつから、自らの思いを作品化するのに忙しく、万人のなかに「詩人」がいることを言わなくなったのでしょう。」と語っている（若松・和合2015）。

以上のべたことから、次のことが明らかになる——（本稿の「はじめに」で描き出した）日々を生きる人間たちのなんとも葛藤に満ちたありのままの体験とそれによって高められたエネルギーを、いったんは非言語的非表層的な意味の世界にあゆみ入らせ・支配的な言説を超えて・新しい記号の力によって新たな意味の世界へと、変容させてゆくことは可能であり、おそらく未来を照らす光はそこからのみ持続的な輝きを発しうるのだと思われる。そしてむろん新しい記号の力とは、詩のコトバ（非言語的世界の形象化としての内的言語）であり、あるいは個々人の身体表出や、音楽などのアート、そしてその他の共同的身体性に支えられた表現行為などの、様々な多様な（外的）カタチであると思われる。

注

(1) https://people.eecs.berkeley.edu/~svlevine/
(2) https://www.youtube.com/watch?v=V05SuCSRAtg
(3) http://www.signall.us/
(4) https://www.nikkei.com/article/DGXMZO34909190T00C18A9FF8000/
(5) https://www.youtube.com/watch?v=lVPLIuBy9CY
(6) https://www.youtube.com/watch?v=pygwK0sBUdM
(7) https://www.dwavesys.com/

参考文献

赤木かん子「「読解」について」(2018)『人間と教育』98号、民主教育研究所。

新井紀子(2018)『ＡＩ vs. 教科書が読めない子どもたち』東洋経済新報社。

井筒俊彦(1983)『意識と本質』岩波書店。

大田堯・山本昌知(2016)『ひとなる』藤原書店。

尾本恵市(2016)『ヒトの文明――狩猟採集民から現代を見る』筑摩新書。

クリストファー・ボーム(2014)『モラルの起源――道徳・良心・利他行動はどのように進化したのか』斉藤隆央訳、白揚社。

グレゴリー・クラーク(2009)『10万年の世界経済史(上・下)』(2009)久保恵美子訳、日経ＢＰ社。

坂本龍一・国谷裕子(2018)「未来からの視点、音楽とジャーナリズムにできること」『主婦之友』6号、主婦の友社、pp.14

人工知能学会監修(2015)『深層学習』近代科学社。

友寄英隆(2018)「ＡＩの進化と労働過程の研究・上」『経済』12月号、新日本出版社、p.12

長谷川眞理子(2002)『ヒト、この不思議な生き物はどこから来たのか』ウェッジ選書。

スティーブン・ピンカー(2015)『暴力の人類史(上・下)』幾島幸子・塩原通緒訳、青土社。

スティーブン・ミズン(2006)『歌うネアンデルタール――音楽と言語から見るヒトの進化』熊谷淳子訳、早川書房。

ステファノ・マンクーゾ／アレッサンドラ・ヴィオラ(2015)『植物は〈知性〉をもっている』ＮＨＫ出版。

フランス・ドウ・ヴァール(2014)『道徳性の起源――ボノボが教えてくれること』柴田裕之訳、紀伊國屋書房。

宮澤康人(2017)「〈こども〉文化の進化史――生態系のなかのヒトの成熟と生命の世代継承――」白梅学園大学子ども研究所「子ども学」編集委員会『子ども学』第5号、萌文書林、p.54

明和政子(2006)『心が芽ばえるとき』ＮＴＴ出版。

山際寿一(2007)『暴力はどこからきたのか――人間性の起源を探る』ＮＨＫ出版。

山崎鎮親(2018)「「学校がたのしい」とはどういうことか」『人間と教育』97号、民主教育研究所、p.42

ユヴァル・ノア・ハラリ(2016)『サピエンス全史――文明の構造と人類の幸福(上・下)』柴田裕之訳、河出書房新社。

レイ・カーツワイル(2016)『シンギュラリティは近い――人類が生命を超越するとき』ＮＨＫ出版。

若松英輔・和合亮一(2015)『悲しみが言葉をつむぐとき』岩波書店。

Frey, C. B. & M. Osborne (2013) The future of employment: how susceptible are jobs to computerisation?, Univ. Oxford.

Michael Tomasello, Josep Call and Brian Hare (2003) Chimpanzees understand psychological states – the question is which ones and to what extent, TRENDS in Cognitive Sciences Vol.7 No.4.

［なかむら　しゅん／東京農工大学名誉教授／神経科学］

II

総合を妨げるもの

――文系学問不要論：その背景・原理・歴史

データからみる文系学問不要論の背景

濱中　淳子

1. 問いの所在

大卒者といった高学歴者は、なぜ、採用市場で有利に扱われ、就業後は高い報酬を受け取ることができるのか。経済学はこの問いをめぐって、大きく2つの理論を提示してきた。

ひとつはシュルツやベッカーらによって構築された「人的資本理論」である（Schultz 1963, Becker 1964）。この理論では、高度な教育を受けた者はより多くの知識や技能を身につけ、それが生産能力の高まりをもたらしている。だからこそ、採用現場における評価も高く、報酬面でも恵まれると考える。

いまひとつは、スペンスらが提示した「シグナリング理論」である（Spence 1974）。生産能力を直接的に計測することは難題であるから、企業は学歴から生産能力（素質）を推定する行動をとろうとする。他方で高能力保持者は、自身の能力を示すために高い学歴を得ようとし、容易にそれを達成することができる。こうした力学が働くなかで、学歴の効果は顕在化するというのがおおよそのロジックだ。

人的資本理論が注目する「教育（Nurture）」なのか、シグナリング理論が主張する「素質（Nature）」なのか。欧米を中心に、多くの研究者が実証的分析を駆使しながらその解を探しているが(1)、いまだ決着がついていないというのが実際のところだろう[2]。

ただ、日本の企業が大卒に対してどのようなまなざしを向けてきたかという点に限れば、明らかに素質(Nature)に注目する見方が大勢を占めてきたように見受けられる。「学校での学習は会社では役に立たない」「大学時代の余計な知識はいらない」「就業後の学びこそが重要だ」と主張する企業関係者の声を聞く機会は少なくない。企業が新卒者に求める能力の趨勢を追った岩脇(2004, 2006)の整理を参照しても、上位に挙がるのは「チャレンジ精神」「バイタリティ」「創造性」などであって、「専門性」などは下位に位置する。より威信の高い大学の学生を採用しようと努めながら、大学教育には期待しない。矢野(2009)が鋭く表現した「大学教育無効説」とでも呼べるまなざしが、これまで席巻してきたように思われる。

さらに付け加えれば、こうした大学教育無効説は、文系学問に対してとりわけ強く唱えられる傾向があるといえる。2015年6月8日、文部科学省が全国国立大学法人に対し、教員養成系学部や人文社会科学系学部の廃止や組織改編を求める通知を出したことは記憶に新しい。社会的要請を踏まえた改革を促したかったからだというが、吉見(2016: 110)によれば、日本における文系軽視の姿勢は、戦中・戦後から続くものでもある。「先進諸国に対抗するためには技術革新に寄与する理系を拡充したほうが良い」「理系は儲かるが、文系は儲からない」「必要ないとまでは言わないが、実際のところどれほど役に立つのかわからないのが文系だ」——中央官庁といえども、独り善がりの政策を提示することはできないはずだ。上記通知は、およそ人びとがおぼろげに抱いていた感覚と文部科学省の判断がリンクしたからこそ、形になってあらわれたものだったといえるだろう。

さて、ここで本稿の目的を述べれば、こうした文系学問不要論について、その妥当性を多面的かつ実証的に検証することにある。人的資本理論とシグナリング理論の決着つかぬ中では相当の難題だと捉えられるが、議論の道筋がまったく立てられないわけでもない。というのは、さきに紹介した矢野が別の論考で示す枠組みに、検討の手掛かりを見出すことができるからだ。

矢野の枠組み図とは、学校と社会経済を結びつける鍵である「知識」の有効性を考えるにあたって、まず、有効性に対するものの見方自体を整理しておく必要があるという判断から作成されたものである（矢野2001: 113-115）。「機能の次元」と「認識の次元」とのクロスから成立するこのマトリクスには、「知識が有効に機能し、かつ有効だと思う『実質説』」ならびに「知識が無効であり、かつ無効だと思われている『空洞説』」、そして機能と認識がそれぞれ別のかたちでずれる「陰謀説」と「隠蔽説」の4つの見方が設定されている。そのうえで矢野は、日本の現状は「隠蔽説」ではないかという見方を示し、そう判断する理由を仔細に論じている。

なるほど、この見方を敷衍して、文系学問不要論についても、「隠蔽説」という視点から吟味する意義はあろう。文系学問は、すでに役に立っているにもかかわらず、役に立っていないとする理解が横行しているだけなのではないか。そしてこの疑問に迫るには、「機能」と「認識」のそれぞれについて、検討を加える必要がある。そこで以下では、第一に、機能（実態）として、文系学問の有効性はどのように評価することができるのか。第二に、認識の問題として、誰が文系学問について低い評価を下しているのか。そして第三に、再び機能（実態）の次元に立ち戻り、文系学問の総合知としての可能性をどのように読み解くことができるのか。これら三つの問いをめぐるこれまでの分析経験を整理することで、文系学問不要論を見直すことにしたい。

表１　知識の有効性：四つの見方

	有効である (+)	無効である (-)
有効だと思う (+)	実質説	陰謀説
無効だと思う (-)	隠蔽説	空洞説

注：矢野（2001:114）より。

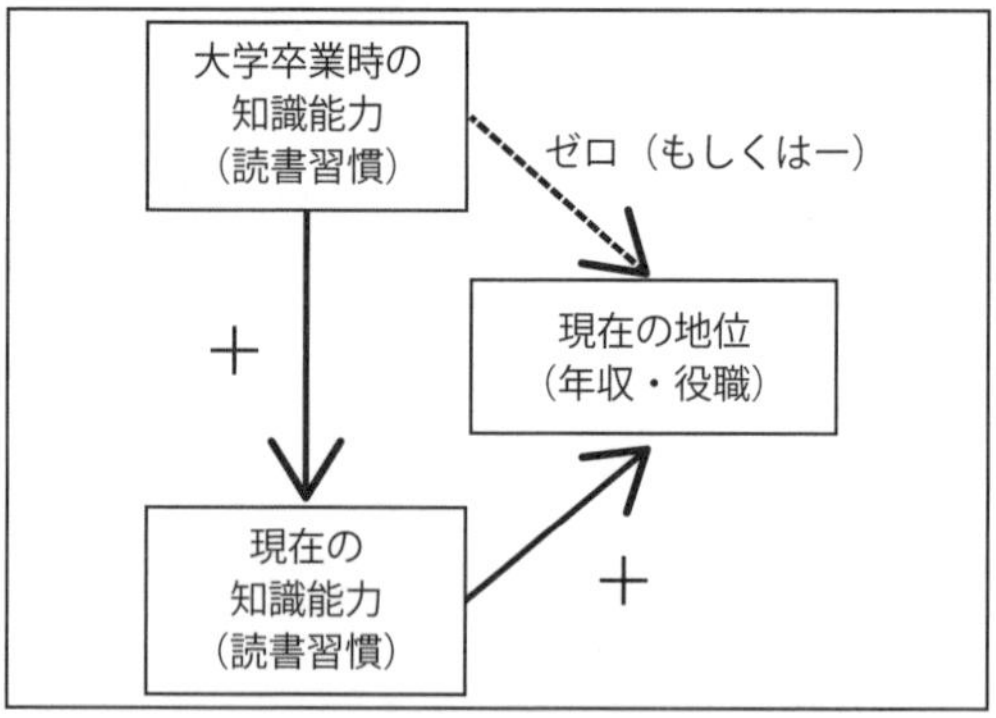

図１学び習慣仮説の基本図式
注：矢野（2009）をもとに筆者が作成。

2.「学び習慣仮説」と文系の悩ましさ

大学教育の機能をどのように評価することができるか。人的資本理論とシグナリング理論の対決として議論が構築され続けていることは冒頭で述べたとおりだが、この問いについては、別途、矢野（2009）がオリジナルの解釈を示している。「学び習慣仮説」と呼ばれるその仮説では、大学時代の積極的な学習経験は、仕事の業績に直接プラスの効果をもたらすというより、本人の知識能力の向上や成長体験をもたらし、その蓄積と体験が現在に必要な知識能力を向上させ、仕事の業績向上につながると考える。いわば学習の膨らみとその効果を重視する解釈であり、矢野（2009）は工学系大卒調査を用いて、この仮説が実証データからも確認されることを明らかにしている（図1）。

ひとつの新しい見方として注目されるが、本稿の文脈で大事になるのは、文系大卒でも同様の結果が得られるかどうかだろう。以前、ある国立大学の卒業生に実施した調査を用いて、学び習慣仮説の検証を試みたことがある。その大学では、(1)工学系、(2)経済学系の二つの学部の卒業生に調査を実施したが、両者の分析結果を比較することで得られた文系ならではの結果は、次のようなものであった（濱中2013）(3)。

第一に、学び習慣仮説の検証以前の論点になるが、経済学系卒業生には、工学系卒業生以上に、知識能力以外の要因に大きく影響されながら年収が決まる傾向が見出された。たとえば、企業規模に顕著なプラスの影響が確認されるのは経済学系であり、就労時間がそのまま年収に反映しているのも、経済学系ならではであった。

第二に、学び習慣仮説の検証を試みると、工学系と経済学系ともに仮説を支持する結果が得られたものの、経済学系には、工学系にはみられなかった「大学時代の知識能力」と「年収」との間の有意なマイナスの効果も認められた。大学時代の学習は、それをベースにした学習の継続によって、年収の向上をもたらす。しかしながら他方で、学習継続を伴わないとマイナスに働く部分も小さくない。経済学系に特徴的なのは、こうした効用の両面性である。

第三に、世代（44歳以下／45歳以上）で分けて分析したとき、工学系では、44歳以下であろうと45歳以上であろうと、同じような学び習慣仮説の効果が抽出されたのに対し、経済学系では、44歳以下では効果が弱く、45歳以上で強まっている様相がうかがえた。年齢を重ねれば、職場から求められる役割は変わり、学びを活かすための力量も変わる。こうしたなかで、経済学系の大学教育は、とりわけキャリア後半になってからあらわれる。効用が顕著にあらわれるまでに時間がかかる。これが、データから浮き彫りになる実情である。

3. 誰が文系学問の効果を否定しているのか

以上の結果をみる限り、卒業後の就業という場面においても文系学問が意味を成している蓋然性は低くない。だとすれば、次に問いたくなるのが、誰が文系学問に対して疑義を唱えているのか、である。表1でいう「認識」の軸の問題でもあるが、この一つの答えは、先の学び習慣仮説の検証で指摘した第三の点からも引き出せる。

すなわち、文系学問に熱心に取り組むことの効果がキャリア後半になって強化されるのであれば、卒業生自身、その効果を自覚することは難しいはずだ。時間を経てからしかあらわれない効果は、本人にとっても分かりづらい。

時間の隔たりが効果をみえなくしてしまい、ひいては文系学問の効果は過小評価されてしまう。このようなメカニズムが働いているように思われる。

しかし、ここではさらにいまひとつの調査結果についても紹介しておきたい。企業の事務系総合職採用面接担当者を対象に実施した調査のデータを用いて、大学での学びにどのようなまなざしが向けられているのかを探ったものだが[4]、主な知見として次のものが得られている。(1)専門の学習・研究が仕事に役立つかどうかについての意見はばらついており、意義を評価している者も少なくない、(2)ただし、学習・研究への評価が低いのは、大企業といった発言力がある組織の関係者に多い、(3)新事業への参加や業績不振などの苦境を経験することは、大学時代の意義を認識することにつながるが、必ずしも学習・研究の評価を大きく高めるものになっているわけではない、(4)面接担当者自身の経験が及ぼす影響も看過できるものではなく、自らが大学時代に意欲的に学習に取り組んでいなければ、学習を役立つものとして認識することは難しくなる。

とりわけ、四つ目は、文系学問不要論の背景を読み解くにあたって示唆的な点だといえるかもしれない。というのは、ここで時代を遡れば、多くの学生が学習よりもサークルやアルバイトに勤しんでいるとして「大学＝レジャーランド」と揶揄される時代があったからである。１９８０年代頃のことであり、その頃に学生時代を過ごしていたのが、いまの50代前後という層になる。社会で重要な役割を担っている世代がレジャーランドといわれる学生時代を経験していた。学問の意義を否定する声が強い背景には、こうした事情もあると捉えることができよう。

なお、分析からは、大学時代の学習・研究に意義を見出している場合でも、専門に対する理解不足の問題から、面接場面で学習のことを十分に取り上げられないケースがあることがうかがえた。このことからは、学術の高度化や専門の細分化が進むにつれ、採用面接の場において、大学での学びのことが問われにくくなることが予測される。

表２　学び習慣仮説の基本図式

		全体	文系→企業人	理系→企業人
意欲	専攻分野の勉強	＋		
	教養獲得ににつながること	＋		＋
	遊び・趣味活動	＋		
	友人との交流	＋	＋	
体育会・サークル積極性		＋	＋	
アルバイト経験				
学習研究成果に達成感		＋		＋
専攻した分野の内容に面白み		＋	＋	＋

注：濱中（2016b）をもとに筆者が作成。

大学での学びの意義をどのように認識するのか。その様相を左右するのは、実態として知識能力にどのような意味があるのかだけでなく、評価する側のさまざまな要因が大きく関わっていることに自覚的でなければならないように思われる。

4. 総合知としての文系学問の意義

さて、以上では文系もしくは事務系といった領域に限定した議論を展開してきた。ここで最後に、いま一度「機能（実態）」の次元に戻り、理系領域に携わる層にとっての文系学問の意味について検討を加えておきたい。参照するのは、進学校として知られる灘中学校・高等学校（兵庫県）の卒業生に実施した質問紙調査の分析結果である[(5)]。中学に入学してからの経験がどのように仕事に活きるのかというテーマで実施した調査だが、「自分（たち）の仕事は、社会に新たな価値を生み出すものである」という項目に肯定的な回答を寄せられる働き方ができる要因を探ったところ、興味深い結果が得られた。うち、大学時代の経験に関するものを抽出したものが、表2になる。三点について言及しておきたい。

第一に、卒業生全体についてみれば、多くの大学時代の経験に有意なプラスの効果が確認される。専門の学習も、遊びも趣味も、友人との交流も、熱心に取り組んでいれば、新たな価値付与を生み出すようなキャリアへとつながる。

ただし第二に、以上は、研究者といった「大学で新しい価値を生み出す」仕事に従事している卒業生を含む結果である。ここで企業に勤務する者に限定して分析し直せば、大事な経験は絞られる。「専攻した分野の内容に面白み」を感じることであり、文系であろうと、理系（医学部除く、以下同様）であろうと、学問と社会とのあいだには接点があることが示唆されよう。

とはいえ、第三に、文系と理系とのあいだには相違点も認められる。文系領域の学部を卒業し、企業に勤めている者にとって重要なのは「友人との交流」や「体育会・サークル積極性」であり、理系学部出身者にとって大事なのは「教養獲得につながること」である。専門を突き詰めれば、価値創造ができるわけではない。たとえば技術者として働くにしても、工学領域の知識のみならず、社会経済をめぐるさまざまな知に触れていなければ、新規性の高い成果を生み出すことができない。文系領域出身者における理系の知識の効果を確かめることができなかったという限界はあるが、ここに「総合的な知」、そして「総合的な経験」というべきものの重要性を示すひとつの証左をみることができるように思われる。

5.　結語

本稿では、文系学問不要論に対する理解を深めるべく、矢野（2001）が示す「知識の有効性・4つの見方」を手掛かりに、実証分析の結果を整理しながら検討を加えてきた。政策の展開や世論の大勢ともいえる文系学問不要論を疑問視するという大胆な問いを設定したことに、本稿の最大の特徴があると考えられるが、以上の作業からは、これまで語られたことがない新しい視点が提供できたのではないかと判断している。大学教育の内容自体にいまだ問題がある可能性は否めない。しかしながら社会で囁かれている言説にも危うい側面はあり、見直すべきところがある。この知見は、文系学問の意味を解明するという研究課題に取り組む際に参考すべき傍証となるだけでなく、大学と企業の関係を設計するにあたって知っておくべき重要な情報にもなるように思われる。

ただ、当然ながら以上の分析にはさまざまな限界がある。そもそも大学教育の意味を実証的に検討する研究自体が緒に就いたばかりであり、今後の蓄積が待たれる。そしてその研究を試みるにあたっては、「機能（実態）」の側面のみならず、「認識」の側面についても考慮する必要があることは、いうまでもないだろう。

注

(1) この検証については、人的資本理論の対抗理論として打ち出されたシグナリング理論がどれほど妥当か、という観点などから蓄積されてきた。そして、これらの研究をレビューした Brown and Sessions（2004）や Page（2010）によれば、シグナリング理論の正当性を積極的に主張するための証左はまだ十分に得られていない。なお、両者の対立を含め、欧米の人的資本理論とそれをベースにした収益率研究の展開については、島（2013）が詳しく紹介している。

(2) ただ、このどちらが重要な要因になるのかという問いについては、産業や職種、あるいは規模をはじめとする各企業の特性など、置かれている文脈によって解は変わり得るものと考えられる。就業前の段階における学歴評価を扱ったものではないが、たとえば、規模間賃金格差（大企業と小企業での賃金格差）に注目し、その賃金差が資質によるものなのか、訓練機会の違いによるものなのか、産業や職種などによって異なる様相を描いた玄田（1996）などは、おおいに参考になろう。

(3) 調査の概要は次のとおりである（工学系調査については、5大学で実施した調査の一つになるが、該当大学の情報のみ記載）。
実施時期：工学系２００４年1~2月、経済学系２００９年3月。
対象・方法：工学系・経済学系ともに、１９６５~２０００年にある国立大学を卒業した者を対象に、卒業生リストからランダムサンプリングにて3，０００名を抽出、郵送法で実施。
有効郵送数：工学系2，７６８、経済学系２，７１８。
回収数（回収率）：工学系９７６（35・５%）、経済学系５９６（21・９%）。

(4)
調査の概要は次のとおりである（濱中 2016a）。
実施時期：２０１５年12月。
対象・方法：ここ3年間に、事務系総合職の採用面接を経験したことがある企業関係者（調査会社インテージのモニターから該当者を抽出）。人事課以外の部署の者も面接に携わるケースが多いため、営業や総務といった部署の者も多く回答していることには注意されたい。ＷＥＢ調査として実施。
回収数：１，１１０。

(5)
調査の概要は次のとおりである。
実施時期：２０１４年８～10月。
対象・方法：１９７３年３月～２０００年３月の高校卒業生を母集団とし、卒業生リストからランダムサンプリングにて２，２４０名を抽出。郵送法で実施。
有効郵送数：２，１６７。
回収数（回収率）：５１４（23・７％）。

参考文献

岩脇千裕（2004）「大学新卒者採用における『望ましい人材』像の研究—著名企業による言説の二時点比較をとおして」『教育社会学研究』74、pp.309–327。

岩脇千裕（2006）「高度成長期以後の大学新卒者採用における望ましい人材像の変容」『京都大学大学院教育学研究科紀要』52、pp.79-92。

玄田有史（1996）「『資質』か『訓練』か?——規模間賃金格差の能力差説」『日本労働研究雑誌』430、p.17–29。

島一則（2013）「教育投資収益率研究の現状と課題——海外・国内の先行研究の比較から」『大学経営政策研究』3、p.35。

濱中淳子（2013）『検証・学歴の効用』勁草書房。

濱中淳子（2016a）「『大学教育無効説』をめぐる一考察——事務系総合職採用面接担当者への質問紙調査の分析から」RIETI Discussion Paper Series16-J-022、独立行政法人経済産業研究所。

濱中淳子（2016b）『「超」進学校　開成・灘の卒業生——その教育は仕事に活きるか』ちくま新書。

矢野眞和（2001）『教育社会の設計』東京大学出版会。

矢野眞和（2009）「教育と労働と社会——教育効果の視点から」『日本労働研究雑誌』588, pp.5–15。

吉見俊哉（2016）『「文系学部廃止」の衝撃』集英社新書。

Becker, G. S. (1964) Human Capital: A Theoretical and Empirical Analysis, with Special Reference to Education, New York; London, Columbia University Press.（『人的資本』佐野陽子訳、東洋経済新報社、1976）

Brown, S. and Sessions, J. G (2004) Signalling and screening, in International Handbook on the Economics of Education, G. Johnes and J. Johnes (eds.), Edward Elgar Publishing.

Page, M. E (2010) Signaling in the labor market. In Economics of Education, D.J. Brewer and P. J. McEwan (eds.), San Diego, CA: Elservier.

Schultz, T. W (1963) The Economic Value of Education, New York, Columbia University Press.（『教育の経済価値』清水義弘・金子元久訳、日本経済新聞社、1981）

Spence, M. A (1974) Market Signaling: Informational Transfer in Hiring and Related Screening Processes, Harvard University Press.

［はまなか　じゅんこ／早稲田大学／教育社会学・高等教育論］

人文社会科学の軽視と新自由主義（ネオリベ）

竹内　章郎

1. はじめに　本稿の主旨と関わって

昨今の人文社会科学（以下、文系）の軽視は、単なる文系軽視ではなく「新たな文系構築」でもある。それは次の政治的発言に端的に示されている。「教員養成系……人文社会科学系学部・大学院については、18歳人口の減少や人材需要、教育研究水準の確保、国立大学としての役割等を踏まえた……、組織の廃止や社会的要請の高い分野への転換に積極的に取り組む」（2014年8月国立大学法人評価委員会資料「『国立大学法人の組織及び業務全般の見直しに関する視点』について」、2015年6月文科省通知に同記載）。「学術研究を深めるのではなく……社会のニーズを見据えた、もっと実践的な、職業教育を行う……新たな枠組みを、高等教育に取り込みたい」（2014年5月OECD閣僚理事会での安倍晋三首相の基調演説）。しかも以下で論じる様に、その根幹にはネオリベがある。したがって、文系軽視は「ネオリベ的文系構築」なのである。

ちなみに未だに誤解の多い点だが、ネオリベは単純な市場至上主義ではなく、《財政的には小さい場合もあるが強力な国家権力が内在した市場至上主義》であり（後述）、しかもこの構造を入れ子構造として持つネオリベは、経済・財政次元に留まらず、人間観や知識・認識論に及ぶ思想次元でも多大な悪影響力を持つ現代の支配的思想＝

支配者の思想（マルクス）である。もとよりその知識・認識論等以前に、ネオリベの経済・財政原理が既に、市場化に無益・生産性向上に不適と判断した文系分野への予算を削減し、科研費等の競争的資金獲得の在り方を文系に不利にし、本来の文系授業維持や文系教員採用を困難にしている。また大学のグローバル化やキャリア教育や英語運用能力の涵養等も、根本はネオリベ的社会を牽引する多国籍企業化向けの「人材育成」になっている。

加えて大学制度改悪とも一体の文系軽視＝「ネオリベ的文系構築」は既に、１９９０年代初頭からの教養部解体＝大学設置基準の大綱化やこれと前後し、その後も続く新設学部・改組において顕現しており、更には２００４年の国立大学の法人化や２０１４年の国立大学法人法及び学校教育法の改悪に拍車をかけてもきた。それは直近では、名芸大二教授の不当解雇や都留文大の教員不当処遇等の、多数の私立・公立大での「先取り的」改悪にも及んでいる。なおこの大学制度改悪とネオリベとの関連全般については、竹内（2016b）を参照されたいが、本稿も示唆する様に多数の大学人の念頭にある現在の大学論もネオリベ的となり、これが大学の市場化に同調しつつ「四文字学部」と揶揄されもした新設学部等での「ネオリベ的文系構築」に加担し、また教授会自治の破壊や学長選挙制度の廃止等とこれらによる学長以下役員会・監事体制の専横化を容認して、大学民主主義の従来以上の破壊に繋がっている。次節以下、雑駁なものに留まるがネオリベを概観しつつ「批判」した上で、多数のネオリベ批判も看過しがちなネオリベの知識・認識論とこれによる「ネオリベ的文系構築」を「批判」してその克服の糸口を探りたい(1)。

2.　ネオリベの概要

さてネオリベの基本を《財政的には小さい場合もあるが強力な国家権力が内在した市場至上主義》と規定すべき

なのは、ネオリベの市場主義は国家介入を排除せず、教育・社会保障等の国家財政を縮小しつつも、市場主義拡大に向けた法制度化や軍事力強化のための国家権力発動用の国家財政は拡大しており、国家財政の縮小と拡大の双方において国家権力増強があるからである。この点で日本では１９９０年代中葉に本格化し現在も続くネオリベ的事態の世界的開始が、１９７３年の最初の９・１１――米国のチリ・アジェンデ政権への軍事攻撃を伴うネオリベ経済・社会「実験」――である様に、ネオリベは軍事発動に典型的な国家権力発動を伴う現代帝国主義化としての多国籍企業化と同根であり（後藤・伊藤1997）、こうした多国籍企業化を通じて全世界的に格差・差別を拡大し続けている。

だからネオリベが名に冠して称揚する「自由」も、本来の自由ではなく権力主義が内在した市場価値内での「自由」でしかなく、ネオリベの代表者の一人「ノージックは根本的には単一｛の市場｝価値論の政治哲学を提出して」おり、その「基礎にあるのは……絶対的な所有権だ」（ウルフ1994: 5）という指摘はネオリベ全般に該当する。既にネオリベの領袖ハイエクの師であるミーゼスが、「市場経済がもたらす自由以外には、いかなる種類の自由もありえない」（Mises1966: 283）と強弁したが、ネオリベは、私的所有の多寡次第に左右される不平等な「自由」や私的所有の格差拡大を権力主義的に正当化するので、ネオリベ的「自由」も市場秩序ルールと一体の差別・抑圧塗れの「自由」でしかない[2]。

加えれば「自由の政策が依拠する自生的な力」を持つ市場秩序とそのルールのみが、「他者の干渉から保護された……特定の諸個人だけが自由にすることが許される対象の領域」（Hayek 1973: 107, 143）――「広義の財産」（同上）たる私的所有――を確保し個人の「自由」を保障するとされる。だから価格機構に拠る交換を担保する「『法｛＝市場秩序ルール｝の前の形式的平等』は、様々な人々の物質的・実質的平等を目指すどんな政府活動とも衝突し……、『法の支配』は経済的不平等を生む」(Hayek 1944: 87f., 101) ことになる。これは社会保障権と労働権からなる社会権［法］を排除してこそ、ネオリベ的「自由」があるという主張でもあり、「法の下での万人の自由が必要とするのは、万人が個人的財産を所有できることではない」(Hayek 1989: 78, 114)、と私的所有の不平等が「自由」の下で積極的に正当化されるのである[3]。

なお別角度からは西欧由来の制度や文化の日本への輸入とその際の翻訳問題でもあるが、ルール rule が日本では中立的意味合いの「規則」と訳され、本来ルールにある「支配」の意味が忘却されがちである。ネオリベは「支配」の思想でありながら、市場秩序ルールからの「支配」の意味の脱色により庶民に浸透し易くなっていよう。

ところで既述を再々度強調するが、ネオリベを《財政的には小さい場合もあるが強力な国家権力が内在した市場至上主義》と規定すべきなのは、ネオリベは単純な市場至上主義ではなく大きな国家介入＝権力主義と一体だからである。これは元米国商務長官も「政府介入に別れを告げるものと誰の目にも映った……規制緩和」も「実際には……、政府の行動が特定の結果を目指すことから、新しい市場を創出し育成することへと、その性格が変わったことを示した」(ライシュ 1991: 258) と認めたが、ハイエクも言う。「如何なる進歩した文明も、その主要目的を私的所有の保護に置いた政府なしでは発展しなかった」(Hayek 1989: 32, 44)。「巧く機能する市場経済は、国家の側での一定の活動を前提にし、市場経済の機能を助ける……{国家の}活動が必要である」(Hayek 1960: 222, 125)[4]。通常のネオリベ批判も看過しがちな点だが、この権力主義の延長上でネオリベは、自らの内部において既に保守主義全般や優生思想等の差別思想とも一体化しているのである。

このネオリベの権力主義は、自由主義にある権力主義へのネオリベの依拠としても根深い問題であり、それはハイエクによるヒューム権力主義の受容に覗える。ハイエクが真に依拠した自由主義者は言われがちなＡ・スミス以上に、諸個人の行為の自由から懸離れた「正義の諸規則の絶対的普遍性要求」（田中 1983: 49f.）に基いて、公平で一般的な観点を為政者＝権力者に求め、諸個人を外在的に支配する権力者由来の一般的ルールを重視したヒュームなのである。ヒューム権力主義は、『人性論』第三篇中の「統治の起源について」を引いて示される次の点にある。「人間の自然の弱さを癒し、彼らに正義の法を遵守させるために、『我々のなしうる極限は、我々の環境と立場を変えて、正義の法の遵守を我々の最も近い利益たらしめると共に、その侵反を最も遠い利益たらしめることである。しかし、これは全人類には実行不可能で、正義の遂行に直接利害をもつ少数者にのみ起りうる』」（田中 1973: 90）。「この少数者とは世俗的治政者、国王及び彼らの閣僚、我々の統治者及び支配者」（ヒューム 1952: 130）だとする「ヒューム思想の権力主義的性格」（田中 1873: 86-90）は明かである。そして「個別の有利さに従うと……、そのルールが抑え込もうとした混乱を招来する……。それ故、保有物の安定性に関する自然法を修正する際には、我々は一般的ルールによって行わねばならぬ」（ヒューム 1952: 157f.）、と自然法の上位にくる程にヒュームの権力主義的一般的ルールは絶対的であり、これを受容したハイエクを領袖とするネオリベの権力主義も明白なのである。

こうした《財政的には小さい場合もあるが強力な国家権力を内在させた市場至上主義》たるネオリベは、道徳さらには文明をも、私的所有／市場秩序とそのルールが実現したものである、とする程に自らの普遍性を僭称して次の様に言う。「個人的目的に従う個人的決定において考慮されるべき、一般的で抽象的な〔市場秩序の〕ルールのみが道徳という名に値し」（Hayek 1989: 65, 92）、「進歩したどんな文明の道徳の中心にも私的所有がある」（同書：30, 40）。「文明とみなすものは、異なる個人の幾つかの行為計画が大抵の場合、実現する様に相互調整される実際の情況に依存するが、この情況は反対から見れば、諸個人が私的所有を価値として受容する際にのみ達成される」（Hayek 1973: 111, 148）。

ここからネオリベは社会や文化全般、さらには人間自体に及ぶ程の私的所有／市場秩序の無限拡大も言う。つまり「市場秩序はおそらく人間社会の全域に広がる唯一の包括的秩序であり」(Hayek 1973: 115, 153)、「全体としての〔市場〕秩序は無限に拡大しうる」(Hayek 1989: 84, 123）という発言は、通常の資本主義市場の話に留まらない。既述の様に私的所有／市場秩序は道徳も文明も、つまりは人間社会全体も規定するとされるからである。但し本源的蓄積の頃はもちろん現代でも市場は、実際には国家権力のみならず自然から社会慣習や生活自体に至る市場秩序の外部に規定されるので、市場秩序の無限拡大は現実には不可能だが……。以下では、既述のネオリベの基本的特徴を踏まえて「ネオリベ的文系構築」を推進するネオリベの知識・認識論の問題を簡略に示すが、ネオリベの知識・認識論の今少しく詳しい点は、竹内（2010; 2016a）を参照されたい。

3. ネオリベ的知識・認識論の大枠と文系軽視＝「ネオリベ的文系構築」

ネオリベ的知識・認識論の根幹は、私的所有に基づく市場秩序が主観的な諸個人の態度や観念等の或る程度既知の知識・認識を出発点に機能し、社会全体の維持発展を阻害しかねない諸個人の無知を吸収して市場秩序と一体の知識・認識の既知の状態を循環的に生む点にある。別角度から言えば、市場秩序やこれを担保する法が、また市場秩序の機軸たる価格機構が、それらに内在する権力性と相まって諸個人とその知識・認識に対して非人格的過程として絶対化される。だから市場秩序ルールと一体化した「自由な」行為論としての知識・認識論がまた、権力主義的知識・認識論ともなる訳である(5)。

ネオリベ的知識・認識論は知識・認識も私的所有物としてのみ扱い、最終的にこの知識・認識の市場秩序での交換のみを予定するため、原理的に市場秩序外部の知識・認識を排除する。また市場秩序に内在した権力による知識・認識の序列付けと序列の決定を自明視するので、存在全てに内在する矛盾とこれを反映した知識・認識の矛盾一切も原理的に隠蔽する。この矛盾隠蔽は、自由主義による矛盾の評価、例えば「矛盾は真理の規則、無矛盾は誤謬の規則」(Hegel 1974: 533) とするイエナ期のヘーゲルが既に喝破した議論とは全く異なる。だから個人の知識・認識構造にも大学等の組織にも浸透する《財政的には小さい場合もあるが強力な国家権力が内在した市場至上主義》は、「ネオリベ的文系構築」を無矛盾の「現実」ともする。自由主義的知識・認識論とも背馳して、こんな「現実」を捏造しさえするネオリベ的知識・認識論は何をもたらすのか。その具体的問題とは、何か？

⑴市場秩序と一体化した知識・認識論

第一は、《財政的には小さい場合もあるが強力な国家権力が内在した市場至上主義》の認識・知識論版だが、知識・認識の決定を原理的・最終的に、市場秩序での受給関係等を示す価格機構に委ね、マルクス的には物象化＝商品化した知識・認識のみを知識・認識に、しかも「自然な」知識・認識にする[(6)]。昨今当然の如く言われる「社会的要請の高い分野」「すぐに役立つ学問」「グローバル人材」等は、その言葉自身が物象化により「自然化」された言語であり、ネオリベ的知識・認識論に基づくこの「自然な」言語が「ネオリベ的文系構築」を推進するのである点を、まずは捉える必要がある。

このネオリベ的知識・認識の物象性を、ハイエク自身は次の様に言う。「諸事実の知識が多数の人々の間に分散しているシステムでは、根本的には価格が、様々な人々の別々の行動を調整する役割を果たし」、知識や行為は価格決定に委ねられて価格決定と「同じ方法で」、「個人が意思決定をなす」際や「個人が自らの計画の諸部分を調整する際に主観的価値［市場秩序と一体の価値］が手助けする」（ハイエク1986a: 64f.）。「価格システムにより分業だけでなく、同じく分割された知識を基礎とする資源の調整された利用が可能になった」（同書：70）(7)。

(2)権力主義的な知識・認識論

第二は、《財政的には小さい場合もあるが強力な国家権力が内在した市場至上主義》の認識・知識論版である。市場でのかの一般的ルールによる認識・知識の支配、つまりは市場秩序の権力主義が、昨今の文系不用論騒動にみられる理系＞文系、自然科学技術＞社会科学・人文学、実証＞理論等々にまで至るような知識・認識の権力主義的序列を絶対化し、この権力主義が市場秩序的なもの以外のコミュニケーションや知識・認識の共同性の否定に至り、そうした知識・認識の私的所有が循環的に強化される。「統一テキストによる講義」「成績評価の厳密化」「教授会・評議会での結論ありきの『原案』」、学長・役員会の「リーダーシップ」等の「ネオリベ的文系構築」を領導しもする発言の根底には、ネオリベ的知識・認識論の権力主義とこれによるコミュニケーションや共同性の否定があることが看過されてはならない。しかもネオリベ的知識・認識論のこの特徴は、じつは既にハイエクのヒュームへの依拠に示されていたのである。

「自由主義理論の偉大な創設者、D・ヒュームとA・スミスは利益の自然的調和を想定したのではなく……、諸個人の異なる利害は適切な行為ルールの遵守により調停できると主張した」（ハイエク1986b: 227）、と利害調停に至る知識・認識の権力主義的一般的ルールによる支配を自明視したハイエクは、「正義に関する我々の全概念は、特定事項についての異なる見解が……、一般的同意を命ずるルールの発見によって解決されうるという信念に依拠」（Hayek 1976: 15,26）し、「正義に適う行動ルールは特定の利益の保護とは無関係で、その追求は全てこのルールに従わねばならない」(同書：17, 28）と述べた。また彼は「互いに相手を殆ど知らない大社会の構成員の間では、各自の目的の相対的重要性に関する合意は存在せず」(同書：3, 10)、私的所有を核とする市場秩序以外には「社会の『相互調整』が新たな専門分野となることはありえない」(Hayek 1944: 62, 67)、と市場秩序的なもの以外のコミュニケーションや市場秩序外部の専門性を否定したのである。このことは、コミュニケーション論でもある想像上の立場の交換論を看過したハイエクのスミス誤読とも一体であり、知識・認識の共同性の否定に至るコミュニケーションや専門性の否定は、ネオリベの根本問題の一つでもあることをはっきりさせておきたい。

(3)真に問うべき「何故」を除去する知識・認識論

第三に価格機構が枢軸の市場秩序を絶対化する知識・認識は、知識・認識において最も重要なはずの当該事態が「何故生じるのか」という「何故」を問う知識・認識の排除に至る。というのも絶対化された市場秩序に従ってさえいれば、知識・認識は疑問の余地なきものとされるからであり、「何故」も精々「正当化（非正当化)」論に留まる。だから「ネオリベ的文系構築」を領導する多くの知識・認識は、長期的さらには歴史的に探求せねば明かにならない事態の「何故生じるか」を無視して、非常に短期的な知識・認識の「今の『有用性』」のみを重視し、真に歴史を問うグランドセオリー的問いを全分野において無視するが故に、現状の無批判的受容に至る。

この「何故生じるか」を問わない点も、知識・認識論を価格決定による特定の諸財の相対的重要性の問題に還元するハイエクに既にある。彼は「世界の何処かで生じる事で、個人が為すべき意思決定に影響を与えない事は殆どない」(ハイエク 1986a: 64）くても、「彼はそれら事象自体を知るに及ばないし、事象の全ての影響を知る必要もない」(同書）と言い、普遍的な意思決定やそのための知識・認識も結局のところ次の様に価格決定に還元するからである。「熟練労働或いは特定器具が今は以前よりも入手し難くなったのは何故か、という何故は個人にとって問題ではない。彼にとって意味があるのは、それらの物が彼にやはり関係のある他の物に比べて、入手するのがどの程度難しくなったのか、それとも難しくなくなったのかという……特定の諸財の相対的重要性の問題であり、それらの相対的重要性を変える原因は彼自身の周辺の具体的諸財に対する影響以外には、彼にとって全く関心がない」（同書）。

(4) 知識・認識を「情報化」する知識・認識論

第四に以上三点全ての帰結でもあるが、特に第一点の物象化の成れの果てとして、知識・認識が市場秩序にのみ依拠し刻薄な市場価値一元に担保された薄っぺらな「情報」に、つまりは物象化された知識・認識の或る種の極限に還元される。この知識・認識の「情報化」はハイエクが、価格機構に支配された既知の知識・認識は「社会構造において繰り返し現われ、しかも認識可能で親しみ易い要素を形づくり」、更にはそうした知識・認識こそが「個々人の相互に対する多様な態度」（ハイエク 1979: 35）を生むとしたところに既に見られるが、「親しみ易い情報」の氾濫はおそらく思考過程自体の矮小化にも繋がろう。

こうした知識・認識の「情報化」によってさらに、歴史的かつ重層的で多様な本来の知識・認識は看過され、市場価値一元論と相まって、市場秩序的かつ権力主義的な「情報」としての既知の知識・認識のみが知識・認識になり、これが「ネオリベ的文系構築」を領導する。これらは、全体を看過した「ローガルやリージョン」「情報処理」「概念の「用語」への還元」「「成績評価等の数値化」の跋扈」「「教育の質保証」という名の評価の平板化」等に顕現している。知識・認識の「情報化」の下では、「情報」の「自然性」に担保されたネオリベ的知識・認識論は、最もイデオロギーらしいイデオロギーであるが故に、逆説的にイデオロギー批判を受けにくくなるという事態も生じる[8]。

以上はまたコンピュータ・メディアの無闇矢鱈な侵食とも不可分だが、既に階層化・組織化や時間的秩序化を崩壊させた同一空間内の「フラット化されたハイパーテキスト」（マノヴィッチ 2013: 134）による知識・認識の「情報化」として指摘されている。また「新自由主義的改革というのは、ほんの少しのパラーメーターでしか考えないようにするためのものばかり」で——劇場型ワンフレーズ政治も同根！——「この単純思考が、新自由主義の帰結」（臼井・國分 2014: 36, 44）であるという点も、本稿で示してきたネオリベ的知識・認識論の帰結であると言えよう。

4. 結びにかえて：《文系軽視＝「ネオリベ的文系構築」》を克服するための端緒

種々の権力主義との闘争が知識・認識論でも必要不可欠なのは大前提だが、第一に《財政的には小さい場合もあるが強力な国家権力を内在させた市場至上主義》との、また物象化⊨商品化が依拠しつつ涵養する強力なトポスたる市場秩序との、闘ぎ合いの只中にありながらも確固とした市場秩序外部に立脚する学問的かつ実践的営為——これはいわゆる学問至上主義的営為を意味しない！——を強化すべきである。

第二に既存のグランドセオリーの咀嚼を踏まえた新たなグランドセオリー構築と一体の「ネオリベ的文系構築」批判が必須だ。これは、経済・財政次元を超えて人間観や知識・認識論等の思想次元にも及ぶ点で、強力なグランドセオリーたる《財政的には小さい場合もあるが強力な国家権力を内在させた市場至上主義》を凌駕せねばならないからであるが、その際には前世紀末から、リオタールらポストモダン思想によるグランドセオリー不成立論が相当数の研究者を含めて人口に膾炙している点にも留意せねばならない。

第三に《財政的には小さい場合もあるが強力な国家権力を内在させた市場至上主義》が、物象化・物化を亢進してネオリベ的知識・認識を「自然化」する点からして、表面上は中立的で「自然」に見える様々な「形式」に拘泥する多種多様な形式主義や実証主義に陥らないために、またそれらの「政治性を排除する政治性をもつイデオロギー」（イーグルトン 1999: 477）に囚われないために、自覚的なネオリベ批判イデオロギーが必要である。

注

(1) この「批判」は単なる非難ではなく、「倒す相手はおのれの鏡……、敵も味方もつつんだ戦場そのものが『批判』である」（良知 1971: 9）、言われる「批判」である。

(2) なおハイエクは、時に自生的秩序 spontaneous order と市場秩序とを完全に同一視しつつも、多くの場合は種々の自生的秩序の範もしくは核として市場秩序を位置づけているが、煩雑を避けるため本稿では用語を市場秩序に統一して論じる。

(3) 「諸要素{諸個人}の行為が市場秩序の存続及び保持を保証する……行為自体の規則性」に現れる諸個人の動態的「機能」（Hayek 1973: 39, 54f.）が、また市場秩序ルールである。なお私のネオリベ論全般は、竹内（2001）の4章、竹内（2009, 2010, 2011, 2014）を、またネオリベとの対抗における社会権［法］の位置の重要性については、社会権［法］の新たな基礎付けも提示した竹内・吉崎（2017）を参照されたい。

(4) もちろんハイエクは、社会権や福祉国家を拡大する国家権力をかの「自由」を抑圧するとして非難し（Hayek 1989: 32, 44）、「原理的に予め排除されるべき種類の、また如何なる便宜性なる理由によっても正当化できない類の一定の政府の諸措置が存在してきた」（Hayek 1960: 220f., 124）、と福祉国家的な国家介入はしばしば棄却する。なお「{市場秩序}システムを可能にする諸権利のみを強要すると決定する点では国家は一つの選択をしており……、国家はより優れた生産能力を持つ人々にこの能力が少ない人々を犠牲にして報酬を与える組織を選択する」（Nagel 1991: 100f.）という権力問題は、本源的蓄積期を含めて誕生以来の資本主義に常に内在している問題である。

(5) 「市場の秩序に奉仕するために必要な法的ルールが、いかにして市場の価格決定と類似した……コモン・ローにおけるような司法的決定という自生的過程から生じるか、を示そうとするハイエクの関心」（バリー 1990: 101）は、ネオリベ的知識・認識論全般にも及ぶものとして把握されるべきだと私は考えている。

(6) 物象化論の核はやはりマルクスの言う、「生産者達にとっては、彼らの私的諸労働の社会的諸関係 Beziehungen は、彼らの労働自体における人格の直接に社会的な諸関連 Verhältnisse としてではなく、むしろ人格の物象的な関連及び物象［商品：竹内］の社会的諸関連として現象する」（MEW23 1964: 87, 99）点にあるが、この物象化論が物象化から物化を経て「自然化」に至る点を明示した議論として、今ではマルクス論としても社会科学方法論としても準古典とも言うべき平子（1979）を参照されたい。

(7) 信者とも言えるハイエキアンは、ハイエク的「価格メカニズムの意味もロビンズが定義したような『希少な資源の効率的配分』にはとどまらない。重要なのは、価格メカニズムで実現される『知識の経済性』……［であり］、市場の参加者が正しい行動をとるために知るべき知識が計画経済よりもはるかに少なくてすむ」（池田 2008: 74）と言って、ネオリベが認識・知識論にまで浸透する点を明示している。

(8) 本稿で言うイデオロギーは虚偽意識などというよりも、「分析的で記述的な陳述と道徳的で専門的な規範との混淆体で……、事実に関する内容と道徳的な現実参加とを首尾一貫した体系の形に纏めあげ……、［そこからは］行動をみちびく力が生まれる」（イーグルトン 1999: 113f.）、といったいわば確固たる思想体系を意味する。

参考文献

（引用・参照箇所直後の（　）で、著者名・発行年に続きカンマで区切り示した二つの引用頁は前者が原文、後者が訳本の頁。なお他の場合も訳文は訳本通りではない）


T・イーグルトン（1999）『イデオロギーとは何か』大橋洋一訳、平凡社ライブラリー。

池田信夫（2008）『ハイエク――知識社会の自由主義』ＰＨＰ選書。

J・ウルフ（1994）『ノージック』森村進・森村環訳、勁草書房。

後藤道夫・伊藤正直（1997）『講座　現代日本２　現代帝国主義と世界秩序の再編』大月書店。

白井聡・國分功一郎（2014）「教員は働きたいのであって、働くフリをしたいのではない」『現代思想　特集　大学崩壊』青土社、10号。

竹内章郎（2001）『平等論哲学への道程』青木書店。

竹内章郎（2009）「新自由主義廃棄の第一歩」東京唯物論研究会編『唯物論』83号。

竹内章郎（2010）「ハイエク知識・認識論の問題点の一端」唯物論研究協会編『唯物論研究年誌』青木書店、15号。

竹内章郎（2011）『哲学塾　新自由主義の嘘』改定版、岩波書店（初版2007）。

竹内章郎（2014）「ハイエク市場秩序＝自生的秩序論の批判から」東京唯物論研究会編『唯物論』88号。

竹内章郎（2016a）「『文系廃止・軽視』への反撃」唯物論研究協会編『唯物論研究年誌』青木書店、21号。

竹内章郎（2016b）「体験的国立大学論」名古屋哲学研究会編『哲学と現代』31号。

竹内章郎・吉崎祥司（2017）『社会権』大月書店。

田中正司（1973）「同感論におけるヒュームとスミス：ヒューム同感論の意義と限界についての一考察」『思想』岩波書店、593号。

田中正司（1983）「アダム・スミス『法学講義』研究序説」『横浜市立大学紀要　社会科学編』1号。

F・A・ハイエク（1979）『科学による反革命』佐藤茂行訳、木鐸社（原著1952）。

F・A・ハイエク（1986a）「社会における知識の利用」『市場・知識・自由』田中真晴・田中秀夫訳、ミネルヴァ書房（原著1945）。

F・A・ハイエク（1986b）「自由主義」『市場・知識・自由』田中真晴・田中秀夫訳、ミネルヴァ書房（原著1973）。

N・バリー（1990）『自由の正当性：古典的自由主義とリバタリアニズム』足立幸男監訳、木鐸社。

平子友長（1979）「マルクス経済学批判の方法と形態規定の弁証法」岩崎允胤編『科学の方法と社会認識（上）』汐文社。

D・ヒューム（1952）『人生論』（四）大槻春彦訳、岩波文庫。

L・マノヴィッチ（2013）『ニューメディアの言語』堀潤之訳、みすず書房。

R・B・ライシュ（1991）『ザ・ワーク・オブ・ネーションズ』中谷巌訳、ダイヤモンド社。

良知力（1971）『初期マルクス試論――現代マルクス主義の検討とあわせて』未来社。
F. A. Hayek (1944) The Road to Serfdom, The University of Chicago Press, renewed 1972：F・A・ハイエク（1992）『隷属への道』西山千明訳、春秋社。
F. A. Hayek (1960)The Constitution of Liberty, Routledge and Kegan Paul Ltd：F・A・ハイエク（1987）『自由の条件II』気賀健三・古賀勝次郎訳、春秋社。
F. A. Hayek (1973) Law, Legislation, Liberty, (1), The University of Chicago Press：F・A・ハイエク（2007）『法と立法と自由I』矢島釣次・水吉俊彦訳、春秋社。
F. A. Hayek (1976) Law, Legislation, Liberty (2), The University of Chicago Press：F・A・ハイエク（2008）『法と立法と自由II』篠塚慎吾訳、春秋社。
F. A. Hayek (1989)The Fatal Conceit, ed.by W.W.Bartley III, The University of Chicago Press：F・A・ハイエク（2009）『致命的

な思いあがり』渡辺幹雄訳、春秋社。
G. W.F. Hegel (1974) "Habilitationsthesen(1801)" ,G.W. F. Hegel Werke in zwanzig Bänden 2,Suhrkamp Verlag,1974
L. Mises (1966) Human Action: A Treatise on Economics, 3rd revised ed., Chicago Contemporary Books, Inc.
MEW23 (1964) Marx Engels Werke,Vol.23, Diez Verlag ：マルクス（1968）『資本論』第1巻、大月書店。
T. Nagel (1991) Equality and Partiality, Oxford University Press.

［たけうち　あきろう／岐阜大学地域科学部／社会哲学・生命倫理学・障がい者論］

戦前・戦時下の人文社会科学と法学者

小石川裕介

1. はじめに

「戦争中、政府は自然科学は国家総力戦の戦力増強に役立つものとしてこれを援助したのに反して人文科学は、国策を批判し政治の根本に触れるものがあるため、これを圧迫し、ただ国策遂行に都合よきもののみを奨励するような方針がとられた結果として、その発達はゆがめられ、委微《〔ママ〕》沈滞の状態に陥つたのであつた。」（犬丸 1951: 117）

これは、1951（昭和26）年になって、とある文部官僚が戦時下の文系＝人文社会科学（「人文科学」）分野の状況について振り返った一節である。理系＝自然科学分野では第一次大戦以降、政府が主導して軍官産学連携が推進され、来たるべき総力戦時代への対応として科学技術の育成と研究開発に注力されたことは、科学史の成果によって昔からよく知られている。この傾向は、本格的な戦時への突入となった日中戦争開始（1937年）以降により一層強まる。一例を挙げれば、民間の試験研究機関の増加数は顕著であり、1931年に193機関・従業者数1、349人であったのに対して、1942年には711機関・23、955人にまで急増した（沢井 2012: 166）。戦時に際して自然科学分野を中心とする科学技術が動員されたことの反映といえる。

そして、ある意味でこの反射が人文社会科学分野で起きたのだと、冒頭に引いた文部官僚は述べていたのである。

たしかに、たとえば筆者が専門とする法学分野はいやがおうにも「政治の根本に触れる」ため、その「圧迫」は象徴的でまた素早かった。刑法学説がマルクス主義的であるとして文部大臣が休職処分を出したことに端を発した瀧川事件が１９３３年、そして明治憲法の国家法人説的理解が国体に反するとされた天皇機関説事件が１９３５年の出来事である。

古典的な理解では、これらの事件に加え、１９３８年に国家総動員法が制定されたことで、法学は膨大な戦時立法を「解説」するための道具に堕してしまい、ほとんど学問としての位置づけを失ってしまったとされる（利谷1985: 52）。その理解は、一面においてたしかに正しいといえるだろう。

しかし、このような状況であるからこそ、当時の法学者や他の人文社会科学研究者が個別具体的に何を研究していたか、ということを探求することは重要となろう。というのも、１９３５／１９３８年以降も法学は存続していたし、法学者は個々具体的な場面で模索し続けていたからである。彼らが戦時下でどのようにふるまったか、もしくはふるまわなければならなかったか、という問題は、学問のかたちと国家との関係性を考える上で有益な素材となる。

限られた紙幅であるが、本稿はその一端を紹介するため、⑴戦前・戦時期における学術政策上での人文社会科学分野の位置づけをまずは先行研究に求め、さらに、⑵その個別具体像を同時期の財団法人日本学術振興会において実施された法学研究に探ってみたい。これにより、過去にどのようなことが起こったのか、という歴史的経験からの視点を現在に提供できれば幸いである。

2. 昭和戦前・戦時期の文系と理系

(1)昭和恐慌と学術振興

「大学は出たけれど」というフレーズを耳にされたことがある方は多いかと思われる。この元ネタは、小津安二郎監督による1929（昭和4）年公開の映画タイトルにある。同映画は、現在となってはフィルムの一部しか残されていないが、そのシナリオからは当時の世相を豊かに読み取ることが出来る。昭和恐慌下、就職を断られた大学卒業者の姿を描く喜劇なのだが、本稿の関心から重要であるのは、「大学は出たけれど」就職できないという状況が昭和初期に存在したということである。

大学を含む高等教育については、周知のように、特に戦前期は一握りのエリートのためのものであった。しかし、それでも大正期には大衆化が進んだ。1915年から1930年のあいだには、同世代のなかでの高等教育人口が3倍（1・0%→3・0%）にもなっている。この結果、高等教育卒業者が供給過剰となって就職率は低下した。特に文系卒業者の昭和恐慌下の状況は深刻であって、先の映画が公開された1929年の就職率は、理系が76・0%であったのに対して、文系は38・1%と倍近い差が出ている（麻生2009: 103）。その理由の一つに、当時の高等教育卒業者の大半が文系であったことが挙げられる。このことを勘案すると、「大学は出たけれど」では、シナリオ中では明示されないものの、おそらく主人公は文系卒業者なのではなかったかと推測される。

ところで、この就職難を生んだ昭和恐慌に際しては、学術の振興によってこれを乗り越えるべきであるという議論も盛んであった。1931年頃より、帝国学士院や学術研究会議といった当時の学術団体や、また貴族院および衆議院でも相次いで、学術振興を目的とした建議が提出されている。この帰結の一つが、1932年の財団法人日本学術振興会（以下、「学振」）の設立であった。同組織は、現在の独立行政法人日本学術振興会の前身のひとつに当たる。

それでは、当時の学術振興とは具体的には何を指すのか。学振の初代理事長を務めることとなる櫻井錠二は、1931年の昭和天皇に対して行った御進講において、現時の日本の学術研究に欠けるものとして、「独創的研究」とそれを行うための資金・人材の不足を強調し、これを解決することによって「重要なる発見も有益なる発明も共に確実に而して容易に之を期待することが出来又我国産業界の行詰つたる現状を打破して其の発展を期することが出来る」と述べている（山中2016: 43–45）。ここで念頭に置かれているのは実は自然科学分野であり、当時は研究費の増大化が問題となっていた。これを公による支援によって乗り越えようとするのである。

昭和天皇からの下賜金等をもとに設立された学振は、その寄付行為を定めた第1条に「本会は学術研究を振興し其の応用を図り、文化の進展、産業の開発、国防の充実に資し国運の興隆並に人類の福祉に貢献するを以て目的とす」（日本学術振興会1998: 12）と定める。その中心的事業のひとつは研究費の補助であり、自然科学分野だけでなく人文社会科学分野もその対象とした。しかし、その割合は当然に自然科学分野が多くを占めることとなった。毎年の人文社会科学分野への補助額の割合は、個人に対する研究費補助で全体の約15%、テーマごとに設置された共同研究（綜合研究）で約10％に過ぎない（廣重2002a: 166）。もちろん、一般にその性質上、自然科学分野は経費がかかるものである。しかし、それゆえに自然科学分野と国家との距離は、昭和期、日本が戦争に突入するにつれ近づいていくのである。人文社会科学分野も例外ではない。

⑵教学刷新と日本諸学振興委員会

昭和戦前期、特に人文社会科分野に影響が大きかったのは、教学刷新という問題であった。これには大正期におけるマルクス主義の流入・流行と、その影響を受けた学生運動の過激化が背景にある。よく知られるように、1925年には第1条に「国体を変革し又は私有財産制度を否認することを目的として結社を組織又は情を知りて之に加入したる者は十年以下の懲役又は禁錮に処す」と定めた治安維持法が制定されている。同法の、日本本土における最初の適用は、京都帝国大学の学生・卒業生が中心となった「京都学連事件」であった（伊藤2000: 306）。

これらの動きに対して、文部省はいわゆる思想統制の強化という対応を図った。たとえば1932年には、文部省直轄の研究機関として国民精神文化研究所が設置されている。同研究所は、「我が国体、国民精神の原理を闡明し、国民文化を発揚し、外来思想を批判し、マルキシズムに対抗するに足る理論体系の建設を目的とする有力な研究機関を設くること」という、前年の学生思想問題調査委員会の答申に基づいたものである。

また、1935年に設置された文部省の諮問機関、教学刷新評議会においては、その発足に当たって出された趣旨書が以下の文言で始まる。「現下の我が国における学問、教育の実情を見るに、明治以来輸入されたる西洋の思想文化にして未だ充分咀嚼せられざるものを含み、之がために日本精神の透徹全からざるものあり、近時学問に関する諸種の問題或は教育に関する改善の要望にしてその主たる理由をこの点に置くもの寡からざるは、その所以なしとせざるなり（後略）」（文部省1942: 74）。

周知の通り、幕末明治以来、日本の学問・学術は、文系・理系を問わず西洋の学問・学術の模倣あるいは輸入によって成り立っていた。たとえば大学教員が助教授時代に海外留学をして学び、帰国後に教授に昇進するのは当時から一般的なキャリアコースであった。しかし昭和初期は、西洋からの模倣を乗り越える必要が叫ばれ始められた時期でもある。先に紹介した櫻井錠二・学振理事長の御進講にある「独創的研究」の不足という言説も同じ文脈上にある。

そして、特に人文社会科学分野においては、これが日本の「国体」の独自性、「固有」性の強調という視点へと収斂していく。天皇機関説事件を受け、1937年に公表された文部省パンフレット『国体の本義』では、その緒言にて「今日我が国民の思想の相剋、生活の動揺、文化の混乱は、我等国民がよく西洋思想の本質を徹見すると共に、真に我が国体の本義を体得することによつてのみ解決せられる」（文部省1937: 7）と謳われるまでに至った。

これに関連して、1936年、教学刷新を目的に、文部省が日本諸学振興委員会を設置したのは注目される。というのも、同委員会は人文科学分野の全国的「学会」の開催を目的としており、その学問的基盤は「国体、日本精神」に置かれたためである。日本諸学振興委員会規程1条（文部省令）では、「国体、日本精神の本義に基き各種の学問の内容及方法を研究、批判し我が国独自の学問、文化の創造、発展に貢献し延て教育の刷新に資する為日本諸学振興委員会を設く」と定められている。同委員会では、教育学、哲学、国語国文学、歴史学、芸術学、法学等の分野[(1)]で学会の開催がなされるとともに、文部省による学問の統制的機能の一端も担われたのであった（駒込他2011: 671）。

(3)戦時下の人文社会科学

1937年の日中戦争開始以降、日本は本格的な戦時体制に移行する。日中戦争は当初偶発的な戦闘から始まったものであったが、日本はその収拾に失敗し、国家総力戦へと突入していった。

戦時は、技術者需要を大幅に増大させた。翌1938年の国家総動員法の下に「学校卒業者使用制限令」が制定されると、理工系を中心とした自然科学分野の新規卒業者を企業が雇用する際には、厚生大臣の認可を要することとなった。技術者は人的資源とされたためである。これに並行して、自然科学系の高等教育機関は大幅な新設・整備拡充が行われた。特に１９３９年には、名古屋帝国大学の昇格を含む28もの機関が一挙に新設されている（廣重2002b: 14）。これらは、いわゆる科学動員の一環といえる。

これに関連して、１９３９年には、自然科学分野を対象とした文部省科学研究費交付金制度が創設されている。科学研究に対する文部省の補助は、１９１８年創設の科学奨励金が最初であるが、１９３１年以降その規模は毎年７万３０００円であった。これに対して科学研究費交付金は初年度で３００万円であり、１９４４年度には１８７０万円まで増額されている[(2)]（日本科学史学会1966: 335）。

自然科学分野が拡充される一方で、人文社会科学系を縮小削減すべきだという声も出始める。そして本格化するのは戦局悪化が顕著となった１９４３年のことになる。「在学徴集延期臨時特例」によって、人文社会科学系の学生の徴兵猶予が停止され、いわゆる学徒出陣が開始される。さらには閣議決定「教育ニ関スル戦時非常措置方策」においては、「理科系大学及専門学校は之を整備拡充すると共に文科系大学及専門学校の理科系への転換を図る」とされた。これにより人文社会科学系の定員は従来の2分の1から3分の1程度まで縮小される方針が示され、多くの高等教育機関はその存続自体が脅かされることとなった（天野2016: 153）。

また、その学問内容についても、実務的側面がより重要視されるようになる。東京商科大学（現・一橋大学）が東京産業大学に、神戸商業大学（現・神戸大学）が神戸経済大学に改称されるとともに、カリキュラムの変更が行われたのはこれを象徴する出来事といえる。たとえば東京商科大学の事例は、軍部からの圧力が大きかったと指摘される。「商科」では「決戦体制」に順応しないため、将来的には自然科学系の「技術科」をカリキュラムに含める「産業」を名乗るという、生き残りをかけた改称がなされたのである（丸山1989: 137）。

さて、ここまでごく簡単に昭和戦前・戦時期における人文社会科学の状況を、自然科学分野との対比を交えながら見てきた。周知のように、明治憲法においては、いわゆる学問の自由は法文上で保障されない。さらに、大学の位置づけは、１９１８年の大学令第１条にて「大学は国家に須要なる学術の理論及応用を教授し並其の蘊奥を攻究するを以て目的とし兼て人格の陶冶及国家思想の涵養に留意すへきものとす」と規定されている。戦時が進行すると、大学の使命については、以下に引く１９４４年10月11日付の『大学新聞』社説（大久保利謙筆）のように、簡潔に表されることとなる。すなわち、「今日の大学の目標は、言ふまでもなく戦争の完遂にある。研究もこれを目的とし、教育も戦ふ学徒の養成にある」。そして、１９４５年8月に日本は敗戦を迎えた。

それでは、このような状況下で、人文社会科学分野の研究者はどのような研究を行っていたのであろうか。以下では、財団法人日本学術振興会において、特に法学者がどのような研究を実施していたのかを、やや専門的にはなるが簡単に見ていくこととしたい。

3. 財団法人日本学術振興会における法学の共同研究

(1)日本学術振興会の共同研究とその方針

先に述べたように、財団法人日本学術振興会（学振）は、昭和不況下を脱出するための一方策としての学術振興を目的として、１９３２年に創設された学術団体である（以下、日本学術振興会1998）。この学振の事業で注目されるのは、研究者個人に対する研究費補助とともに、学振自ら共同研究を推進する「綜合研究」が設定されたという点である。研究助成の審査や綜合研究の実施については、学問分野ごとに設置された「常置委員会」がその主体となった。学振では第12常置委員会までが設置されたが、このうち人文社会科学分野といえるのは、第１（法律学・政治学）、第２（哲学・史学・文学）、第３（経済学・商業学）の３つであった。

ここで具体的に第１常置委員会の綜合研究を見ていく前に、学振がどのような方向を向いて学術振興や共同研究を推進していったのか、その方針を確認したい。まず、先に引いた寄付行為の第１条を繰り返し引くこととなるが、「本会は学術研究を振興し其の応用を図り、文化の進展、産業の開発、国防の充実に資し国運の興隆並に人類の福祉に貢献するを以て目的とす」とあるように、当初の学振の目的では「国運の興隆」と「人類の福祉」が併置されている。１９３７年にはより具体的な事業方針が示されることとなり、このなかでは「小問題の解決より国家的重要問題に力を集中し、綜合研究及び調査を必要となすものに在りては経費の許す範囲内に於て之を実施す」とされた。

注目すべきは、「国家的重要問題」という位置づけである。なぜなら、戦時が進行するにつれて「国家的重要問題」が戦争遂行そのものに置き換わってしまうからである。実際、１９３７年の日中戦争（日支事変）の開始に際しては、「事変緊急研究」との名目で「陸海軍及商工省方面より送付せられたる問題三十余件を審議し直接研究すべきもの及他の研究を促進すべきものを定め急速解決を期し又之等に関係ある重要事項に就ては政府へ建議し其の実現を期しつつあり」（日本学術振興会1938：25）として、学振は戦時研究への主体的な関与を進めた。戦局が悪化した１９４３年度以降は、文面上でも「国家的重要問題、特に大東亜戦争の遂行の為に力を集中し（後略）」との研究方針を確認するようになった。

表1：日本学術振興会第1常置委員会（法律学・政治学）における綜合研究

期間（年数）	小委員会番号	課題名	委員長	人数	総経費（円）
1933-1940 (7)	旧第9	明治以降立法史料の蒐集編纂	加藤正治・帝国学士院会員／東京帝国大学名誉教授	14	86,836
1940-1942(3)	旧第14	経済統制立法の研究	末弘厳太郎・東京帝国大学教授	21	26,714
1942-1944 (3)	旧第2	官吏制度の綜合的研究	蝋山政道・衆議院議員／元東京帝国大学教授	15	24,433
1944-1947 (4)	第60	戦時犯罪並対策に関する研究／戦後犯罪並対策に関する研究	木村亀二・東北帝国大学教授	8	23,000
1944-1945 (2)	第61	国家非常体制法に関する研究	宮澤俊義・東京帝国大学教授	16	33,000
1944-1945 (2)	第62	南方各地域の慣習法に関する研究	中川善之助・東北帝国大学教授	8	23,000
1944-1945 (2)	第63	我国固有の家族制度及土地制度の研究	高柳眞三・東北帝国大学教授	4	22,000

※（日本学術振興会1998：337-343）より作成し、委員長の職名については本稿筆者が補った。人数は最終年度、ただし第60～63小委員会は1945年現在である。なお、小委員会番号に「旧」が付記されたものが見られるのは、綜合研究終了後に小委員会番号が再利用されるためであり、その際は終了した綜合研究について旧第○小委員会と呼称する慣例があった。

(2)第1常置委員会における綜合研究

この傾向は、学振の第1常置委員会（法律学・政治学）における綜合研究の内容にも、如実に反映されている（表1）。第1常置委員会では、1933年度から1947年度までの15年間の間に7つの共同研究が遂行された(3)。

第1常置委員会において最初に開始された綜合研究は、旧第9小委員会「明治以降立法史料の蒐集編纂」である。その名の通り、明治期の法典編纂議事録や条約改正交渉史料の整理・複製等が行われている。このとき複製された史料の原本は、のちの戦災で消失したものも多かった。特に民法典編纂等における議事録のタイプは、のちに「学振版」資料と呼ばれ、現在でも法学研究者に参照されている（高橋2012）。小委員会に名を連ねた委員には、名誉教授や帝国学士院会員といった重鎮クラスの法学者が多いが、当該史料を所持する政府各省の官僚等も加わっていた。これらの研究内容からわかるように、同綜合研究は一種の記念事業的な位置づけといえるものであった。

しかし、次に1940年から始まる第1常置委員会の綜合研究では、その基調は一変する。旧第14小委員会「経済統制立法の研究」では、当時――すなわち戦時における法学上の重要問題が扱われた。この経済統制法の位置づけについて、同研究に参加し、戦後は最高裁判所判事にもなった田中二郎・東京帝国大学助教授（行政法）は、同時期の学界回顧にて以下のように述べている。「戦時体制的立法により、又はそれに基く所謂委任立法によつて、現在、物資の輸入・生産・配給・消費等、経済生活のあらゆる段階が国家の統制に置かれて居り、人的資源の利用に対する統制も漸次強化されやうとして居る。これは従来の経済生活に根本的修正を加へるものであることは勿論であり、法律学の見地からいつても、ここに新らしい研究対象・分野を生じ、この新事態に応じ、今や従来の学問体系の反省・建直しを要求するに至りつつありといへよう」(田中1939: 116)。

つまり同研究は、一気に戦時色が強まるものの、取り上げられた経済統制法自体は極めて実際的な問題であったといえた。委員名簿を見ても、田中二郎をはじめとして、大隅健一郎・京都帝国大学教授や菊池勇夫・九州帝国大学教授など、30代から40代を中心とした経済統制法研究の最前線に立つ専門家が集められた。これは、当該綜合研究が、上述の「事変緊急研究」として位置づけられたこととも無関係ではないだろう。同綜合研究のまとまった成果物はなかったため、その具体的な内容については不明な部分が多い。しかし、これに参加した法学者の多くは、並行して経済統制に関する個人著作を数多く公開している。成果は、参加した研究者個人それぞれに帰したと考えられよう。

その後も、戦時を念頭にした綜合研究が続く。1942年からの行政学・行政法学による先駆的な官僚制研究を経て、1944年には一挙に4つもの小委員会が第1常置委員会に設置された。第60小委員会「戦時犯罪並対策に関する研究」、第61小委員会「国家非常体制法に関する研究」、第62小委員会「南方各地域の慣習法に関する研究」、第63小委員会「我国固有の家族制度及土地制度の研究」であり、順に刑事法・公法・民事法・基礎法という、法学の全分野ひとつずつに戦時法研究が設定されたこととなる。

(3)第61小委員会「国家非常体制法に関する研究」

この4つの小委員会については、第61小委員会の委員長であった宮澤俊義・東京帝国大学教授（憲法）によるメモが残されている[4]。これを見ると、第1常置委員会では、同じく小委員会委員長となった木村亀二・東北帝国大学教授（刑法）や中川善之助・東北帝国大学教授（民法）と一緒に、何をテーマとして設定するか、人員構成に関する打ち合わせが行われたことが確認できる。戦時末期の1944年においても研究遂行に関する具体的な権限が、法学者の側に残されていたことを示すといえよう。ただしそれは、上述したように「国家的重要問題、特に大東亜戦争の遂行」という学振の方針が前提にあり、限界として設定されたものであった。

第61小委員会「国家非常体制法に関する研究」は、日本が本土決戦を迎えた際の「超非常時」を念頭とした法学的研究である。その委員構成[5]を見てみると、黒田覺・京都帝国大学教授や大西芳雄・同教授、田上穣治・東京産業大学教授、尾高朝雄・東京帝国大学教授などはすでに同問題に関する直接的な著作があり、また他の委員も隣接分野の研究者であった。小委員会では研究会を重ね、1945年春までに宮澤俊義・田上穣治による「戒厳法改正要綱」および田中二郎による「国家緊急状態法案」を作成して政府の各方面に提出したとされる（日本学術振興会1947: 43）。両案の実物は戦災の関係もあって現在のところ確認できていない。ただし、同時期の田上穣治が戒厳法改正問題について抑制的な態度をとっており、あくまで明治憲法の解釈問題として論じている点は留意される

（田上1945）。

4. おわりに

本稿で取り上げた学振の第1常置委員会（法律学・政治学）については、上述したように、いわゆる極端に走った戦時の思想が前面にあらわれたものではなかった。戦時下の法学については、たとえば1940年に塩野季彦・元法務大臣が創設した「日本法理研究会」がよく言及される。同会綱領の1番には「国体の本義に則り、日本法の伝統理念を探求すると共に近代法理念の醇化を図り、以て日本法理の闡明並に其の具現に寄与せんことを期す」と述べられている（日本法理研究会1942: 2）。もちろん、第1常置委員会やその綜合研究における委員のなかには、日本法理研究会の活動に関係を持っていた者もおり、また占領下において教職追放や公職追放を受けた者もいる。しかし、それがすべてではない。「抵抗」という姿勢でもなく、また「国体の本義」等の時流にも乗らなかった法学者が、戦時下に何をしていたのか、また何をしなければならなかったのか、本稿ではその一端を明らかにすることを通じて、筆者は示したつもりである。

最後に、昭和の戦前・戦時期と平成末の現在を結ぶ線上に、占領下の田中耕太郎・文部大臣を立たせてみたい。田中は1945年10月に東京帝国大学法学部教授（商法）から文部省学校教育局長に転じ、翌46年5月には第一次吉田内閣の文部大臣に就任した。その彼が、とある会議の席上にて述べた言を引き、結びとしたい。「国家および人類の立場から考えて、人文科学が振興せられることが必要なのは当然である。実際のところ、日本が戦ふべからざる戦争を開始し、また継続すべからざる戦争を継続した原因の一半が、過去において人文科学の研究が不足しており、幼稚であったこと、および人文科学的知識が社会の各層に滲透していず、それが政治や経済に影響力を持ち得なかったことに存していたともいえないことはない。国家は真の人文科学を振興しなければならない。しかしながら、これについてはわれわれは過去の誤謬を繰返さないように、極力警戒しなければならない。」(田中 1947: 131)

注

(1) 1942年には自然科学、43年には地理学の学会が追加された。

(2) なお、1943年度より配分対象は人文社会科学分野にまで拡大された。

(3) 綜合研究の内容や人員等は、日本学術振興会編『特別及ビ小委員会ニヨル綜合研究ノ概要』第1回～第7回（1936-1943）および（日本学術振興会 1947）。

(4) 宮澤俊義文庫「戦時非常体制法の研究」、立教大学図書館蔵。

(5) 井手成三関係文書「国家非常体制第61小委員会委員名簿」、国立公文書館蔵・本館 -2A-041-00・寄贈 01190100。

補注

(1) 本稿の後半部は、法制史学会第70回総会2日目（2018年7月15日）における拙報告「法学における研究動員と共同研究——戦時下の学術研究会議および日本学術振興会を中心として」の一部を簡略化して再構成したものである。

(2) 引用に際しては原則として、カタカナ表記をひらがなとし、旧字体を新字体とした。

参考文献

青木洋（2007）「学術研究会議の共同研究活動と科学動員の終局——戦中から戦後へ」『科学技術史』10号、pp.1-40。

麻生誠（2009）『日本の学歴エリート』講談社学術文庫、底本 1991。

天野郁夫（2013）『高等教育の時代』下巻、中央公論新社。

天野郁夫（2016）『新制大学の誕生』上巻、名古屋大学出版会。

伊藤孝夫（2000）『大正デモクラシー期の法と社会』京都大学出版会。

犬丸秀雄（1951）「人文科学委員会の回顧」『人文』4巻2号、pp.117–123。

井上和男編（1983）『小津安二郎作品集』1巻、立風書房。

隠岐さや香（2018）『文系と理系はなぜ分かれたのか』星海社新書。

荻野富士夫（2007）『戦前文部省の治安機能――「思想統制」から「教学錬成」へ』校倉書房。

小野博司他編（2016）『戦時体制と法学者　1931-1952』国際書院。

河村豊（2003）「戦時下日本における基礎研究振興論――文部省科学研究費成立過程をめぐって」『イル・サジアトーレ』32号、pp.116–127。

河村豊（2006）「戦時後期における文部省の戦時科学政策――企画院（技術院）と文部省の二度目の対立」『イル・サジアトーレ』35号、pp.33–46。

小石川裕介（2018）「法教育と法学の始まり」、高谷知佳・小石川裕介編『日本法史から何がみえるか――法と秩序の歴史を学ぶ』有斐閣、pp.219–250。

駒込武他編（2011）『戦時下学問の統制と動員――日本諸学振興委員会の研究』東京大学出版会。

沢井実（2012）『近代日本の研究開発体制』名古屋大学出版会。

高橋良彰（2012）「学振版民法議事録の総合的研究」（科研費研究成果報告書）。

田上穣治（1945）「戒厳令の本質――その法的性格と運用事例」『大学新聞』1945年4月21日。

田中耕太郎（1947）「人文科学の振興について」『人文』1巻1号、pp.129–134。

田中二郎（1939）「公法学界の消息」『法学協会雑誌』57巻7号、pp.115–125。

利谷信義（1985）『日本の法を考える』東京大学出版会。

日本科学史学会編（1966）『日本科学技術史大系』4巻・通史4、第一法規出版。

日本学術振興会編（1938）『日本学術振興会年報』5号。

日本学術振興会編（1947）『日本学術振興会年報』12・13合併号。

日本学術振興会編（1998）『日本学術振興会30年史』日本学術振興会。

日本法理研究会編（1942）『日本法理研究会事業概要』日本法理研究会。

廣重徹（2002a）『科学の社会史（上）戦争と科学』岩波現代文庫、底本1973。

廣重徹（2002b）『科学の社会史（下）経済成長と科学』岩波現代文庫、底本1973。

丸山泰男（1989）『戦争の時代と一橋』如水学園史刊行委員会。

水沢光（2012）「日中戦争下における基礎研究シフト――科学研究費交付金の創設」『科学史研究』２６４号、pp.210–219。

文部省（1937）『国体の本義』文部省。

文部省（1942）『学制七十年史』帝国地方行政学会。

文部省（1954）『学制八十年史』大蔵省印刷局。

山中千尋（2016）「日本学術振興会の設立経緯をめぐって――櫻井錠二による御進講「学術研究ノ振興」」『科学史研究』２７７、pp.35–50。

［こいしかわ ゆうすけ／後藤・安田記念東京都市研究所／日本法史］

III　総合の試みとコメント

人類学の新たな総合化をめざして
——DNAから人権まで——

尾本　恵市

この報告は、総合人間学会・第十三回大会のシンポジウム（「科学技術時代における総合知を考える——文系学問不要論に抗して」）での基調講演に若干の補正を加えたもので、独立の論文ではありません。軽いエッセイとしてお読みいただければ幸いです。

ご紹介いただきました尾本です。昭和8年（1933）生まれの85才です。スライドを40枚用意しましたが、100分以内に収めたいと思います。初めのスライドにメモを二つ記しました。『動物農場』や『1984年』の著者ジョージ・オーウェルの短編のタイトル「Why I write ?」と、ドイツのリヒアルト・フォン・ワイツゼッカー大統領の「過去に目を閉ざすものは現在の世界も見えない」という名句です。オーウェルの『私はなぜ書くのか』の内容は、子どもの頃から何を考え、何を表現しようとしてきたかという動機（モチベーション）です。私のお話も原体験やモチベーションを重視します。ワイツゼッカーは、ヒットラーを総括しなければ、現在のドイツは判らないと言います。「原点に立ち戻れ」というメッセージで、それはお話する人類学や文明の問題についても言えることです。

1. 自分史より

スライドに「原体験」として蝶々の写真が出ます（笑）。原体験は、幼い時に衝撃を受けた出会いが一生念頭を離れず個人の思想を決めるものです。4～5歳の頃、塀に止まったルリタテハが羽根を閉じたり開いたりしているのを「綺麗だなあ」と見とれました。またある時、父親が顕微鏡で見せてくれた一滴のドブの水にゾウリムシなど様々な微小生物がうごめいていて、息を呑みました。この二つの体験から、生物は「美しくて多様」との認識が脳裡に刷り込まれました。そして私は熱心な「昆虫少年」になりました。

10才頃だったか、別の原体験がありました。我が家にお手伝いさんがいましたが、あるときふと疑問に思って母に「○○さん、どうして僕らと一緒にご飯を食べないの？」と聞きました。答えは「身分が違う」というのです。世の中には身分というものがある、なぜだろう、と子供心に疑問を感じたことを覚えています。

さらに、身分差別が集団としても存在することを実感した出来事がありました。中学校の歴史の時間に「昔、桓武天皇の命を受けた征夷大将軍の坂上田村麻呂が、いうことを聞かない東北の民を平定した」と習いました。先生に「平定とは何ですか。罪もない人達を皆殺しにしたのでは？」と質問したところ、「余計なことを聞くな」と叱られ、それからはその先生から様々な「いじめ」を受けました。

後に私は人類学者になり、専門としてアジアの先住民族の集団遺伝学的研究をしました。現役をリタイアしてからの研究テーマは「先住民族の人権」で、研究対象はわが国のアイヌとフィリピンのネグリトです。これらの人々は、現在ごく少数になった狩猟採集民で、ヒトの生活や行動の原点を教えてくれる貴重な存在です。京大の山極寿一さんの「ゴリラから人類を見る」研究と同じように、私は「狩猟採集民から現代人を見る」のです。そのため、私の人類学は単なる生命科学（life science）ではなく、人権問題にまで立ち入る点が変わっています。拙著『ヒトと文明』(2016) をお読みくださった生物学者の福岡伸一さんからは、「尾本人類学の集大成」という有難い評価をいただきました。

大学は理系でしたが、目標をなかなか決められないモラトリアム人間でした。昆虫少年として興味があった「蝶の進化」を扱う学科はありません。「農学部で殺虫剤の研究でも」と勧められましたがその気はなく、仕方なくにわか勉強で医学部を受験しました。寄生虫の研究なら面白いと思ったのですが、試験に落ちて行き場がなくなります。

いっそ全く違う世界を経験してみようと思い、文学部の独文学科へ進学しました。昆虫の研究は諦めて小説でも書いてやろうか、などと不逞なことを考えたのですが、すぐに自分に文学的才能がないことが判ります。えらいことになったと思っていたところ、人類学者の鈴木尚先生との偶然の出会いが縁となり、再び理系に戻って今の学問にたどりついたのです。「事実は小説より奇なり」でした。その結果、理学部と文学部の両方を卒業し、今では自分を「文理両道」と呼んでいますが、単に運がよかっただけでしょう（笑）。

東大・理学部の人類学科は、動物学や植物学と同じ理学部2号館にあります。昭和31年（１９５６）の春、はじめて訪れたときはびっくりしました。階段の脇に、サメの歯を植えこんだ恐ろしげな槍が何十本と立ち並び、3階の薄暗い人類学教室のガラスケースには土器や人骨が飾られていて、博物館のようでした。南米で蒐集された、長い毛髪の人間の干し首にはギョっとしました。頭骨を取り除いて乾かしたため拳ほどの大きさになっています。

人類学科は、人類の「ナチュラル・ヒストリー」(自然史、自然誌、博物学の意。以下では自然史と略記) を標榜していたので、先史遺物や「土俗品」（先住民の民具）が多数保存されていました。これらは、その後考古学や民族学の博物館に寄贈されてゆき、現在の教室は一般の生物学研究室と同様に実験室主体になっています。本来は自然史科学である理系の人類学は、形質人類学とか自然人類学と呼ばれますが、「進化」の研究ができるとの鈴木教授の言葉に惹かれて入学を決めました。

日本の人類学の歴史は古く、明治17年（1884）に当時まだ学生だった坪井正五郎（1863–1913）が立ち上げた「じんるいがくのとも」という団体が始まりです。世界最古のフランスや英国の人類学会はダーウィンの『種の起源』（1859）発行前後の創設なので、20年ほど遅れただけです。アメリカの人類学会（AAA）よりはずっと早かったのです。

坪井正五郎は、明治25年（1892）に理科大学（東大・理学部の前身）の教授となり人類学講座を開設しました。彼の興味は非常に広く、生物学のほか考古学や民俗誌、さらに商業史など人間に関するあらゆる分野に手をだしました。日本人の起源に関する「コロボックル説」はよく知られています。北海道の日本人の先祖はアイヌではなく、伝承に出てくるコロボックル（フキの葉の下にいる小人の意）だというのです。坪井は講義もうまくユーモアに富み、すこぶる人気がありました。次の狂歌は彼の諧謔趣味をよく表しています。

「遺跡にて、よき物獲んとあせるとき、心は石器、胸は土器々々」（笑）

しかし彼は、1913年に国際会議のため滞在したロシアのペテルスブルグで急死してしまいます（享年50）。その後の人類学は「身体計測学」という分野に特化しましたが、昭和12年（1937）に坪井の総合性を懐かしむ若手研究者10人が「エイプの会」を立ち上げました。人類学（Anthropology）、先史学（Prehistory）、民族学（Ethnology）の頭文字をとるとAPE（類人猿）になります。しかし専門分化という時代の流れには逆らえず、この会はまもなく立ち消えになりました。

昨年（２０１７）、日本人類学会第71回大会で、「今『エイプの会』の意義を考える」というシンポジウムを開きましたが、冷めた意見が大勢でした。若手研究者は、歴史上の意義は判るが現在は「総合的」などと呑気なことを言ってはいられないと言います。昔とは比較にならない激しい競争で論文の質より量が重視され、任期付きの職につくのも大変で、研究者は狭い専門分野から逃れられない現実があります。

東大では、昭和13年（１９３８）に長谷部言人（1882–1969）が理学部教授となり自然人類学を活性化させました。一方、昭和29年（１９５４）には石田英一郎（1903–1968）が教養学部教授に着任、文化人類学を開設しました。京都大学では、昭和34年（１９５９）に今西錦司（1902–1992）が教授となり霊長類学が興隆します。今、自然人類学は霊長類学とは交流がありますが、文化人類学とはやや疎遠な関係になっています。

私が大学院生の頃は共通のカリキュラムがあって、川田順造さんや原ひろ子さん（いずれも文化人類学者）とは机を並べる仲でした。日本人類学会と日本民族学会（現日本文化人類学会）は毎年「連合大会」を開催していましたが、これも平成8年（１９９６）になくなり、完全に「二つの人類学」の時代になりました。

私の研究遍歴についてお話しします。60才まで東大理学部・人類学教室で「アジアの狩猟採集民の集団遺伝学的研究」、定年後65才まで京都の国際日本文化研究センター（日文研）で「日本人および日本文化の起源」や「ＤＮＡ考古学」、それに「日本文化としての将棋」の研究、さらに70才まで大阪の桃山学院大学で「先住民族の人権」をテーマに研究しました。好奇心のおもむくまま様々な事に手を出しましたが、私なりに「専門研究」「学際研究」「総合研究」という三段階を経験したと思います。最後に、75才まで葉山の総合研究大学院大学（総研大）で「ヒトの成長の特異性の遺伝的起源」という難問に挑戦しましたが、体調を崩して未完成のまま終わりました。

2. 人類学とは？

人類学者ですというと、よく「文化人類学ですね」と言われます。面白くありません（笑）。私の専門は自然科学としての人類学（自然人類学）で、とくに遺伝子のデータを用いる「分子人類学」と呼ばれる分野です。ただ、進化の観点から「文化」と「文明」にも大いに興味を持っていて、人類学には理系と文系の両要素が必要だと思っています。

スライドで、フランスの画家ポール・ゴーギャンの画（1897）をご覧ください。彼は西欧文明の退廃した人間関係に疲れ切って、南太平洋のタヒチ島に逃れて桃源郷を見出しました。タヒチ人を画いたこの画には、三つのメモが記入されています。「我々はどこから来たのか？」「我々は何者なのか？」そして「我々はどこへ行くのか？」です。偶然ですが、これらこそ科学としての人類学が答えるべき疑問なのです。

第一と第二の疑問は、自然人類学でほぼ答えることができます。ダーウィンの進化論以降、近年の化石資料や遺伝子の研究によってサルからヒトへの進化の筋道が明らかにされました。また次節で述べるように、ヒトの「ユニークさ（特異性）」とその由来についてもかなり詳しく解ってきました。しかし、第三の謎「人類の未来」については、人類学者の発言をあまり聞きません。

ドイツ人ルドルフ・マルチンの教科書には、人類学の定義として「人類の時間的・空間的な自然史」と書かれていました。人類とは分類学上のヒト科の動物、自然史は歴史を重視する博物学です。われわれ人間は「ヒト」という動物種です。カタカナで書くのは、ラテン語の「学名」Homo sapiens に対する「和名」だからです。ヒトには過去に多数の古人類がいたので、それらを全部含めて「人類」といいます。先祖をたどってゆくと際限がないので、サルの中でも比較的ヒトに近い「類人猿」を含む「ヒト科」（ホミニッド）と、類人猿を含まない「ヒト亜科」（ホミニン）を識別します。

従来の自然人類学には、化石古人類の系譜が中心とのイメージがありました。しかし、遺伝学や行動学、脳科学、心理学等の生命科学が大いに発展している今日、これらを用いて現代人ヒトの研究をする人類学があってよいでしょう。それには別の名称、たとえば「ヒト学」（Science of humanity）が適当かもしれません。最近、放送大学の教材にも「ヒト学」が登場していることから、今や文化人類学者も文化だけでなくヒトそのものに興味を持ち始めているようです（高倉2018）。なお、皆さんの学会名「総合人間学」は、人文・社会科学プロパーの学問と思っていましたが、英文ではSynthetic anthropologyなので、総合的な人類学でしょうか。

「自然史科学」は、生物の「特異性」と「多様性」、そして「歴史」を科学的に研究する学問といえます。歴史の説明原理としての「進化」が鍵となります。人類学では、ヒトを「文化」に依存し「文明」を造る、特異な進化をとげた霊長類と理解します。文化と文明を区別するのが人類学の特徴ですが、この点は一般の生物科学と違います。ヒトが特異（ユニーク）というと、西欧の「人間中心主義」が思い出されるためか評判が悪い。しかしヒトを特異な進化の結果生まれた特異な存在ということは、ヒトを「至上」とするイデオロギーとは違うと考えます。ヒトが一番偉いなどとは言いませんが、現代文明の諸問題を解決するためには、他の生物ではなくヒトそのものの科学的理解が絶対に必要だと思います。

私はつねづね、思考（メンタリティ）には二つの対立する型（個性）があると思っています。第一は「狭く深く」という型で、線形思考、代数的論理、法則性の追求、数式表現等を特徴とし、「単純なものほど美しい」と考えます。スペシャリストに向いていて、代表は物理学者です。現代西欧科学の中心はこれだといわれます。ところが、これとは反対の「浅く広く」という思考型の個人がいるのではないか。離散型思考、幾何的論理、多様性の追求、比喩表現等を特徴とし、「複雑なものほど美しい」と考える。スペシャリストではなくジェネラリストでしょう。人類学者、少なくとも私は明らかにこちらです。

先日、アメリカに住む友人から「君はJack of all tradesだね」と言われました。ウィキペディアで調べると、英語圏では「多芸多才」の人をこう言うそうです。では誉め言葉かと思うと、Master of none（何もマスターできない人）という意味もあるそうで、「当たっている」と思いました（笑）。

ヒトの未来のように複雑で想像力を要する問題を解決するには、「一芸に秀でる」人より「二流でも多芸」の人のほうが役に立つかもしれません。いつぞや国会で民主党の蓮舫さんが、日本のスーパー・コンピューターについて「世界一でなければいけない？二番ではいけないのですか？」と質問したことを想いだします。これからは、一つの専門に特化したスペシャリストよりも多様性に対処できるジェネラリストの能力が必要になるでしょう。

むろん、科学の総合化のためには「狭く深く」と「浅く広く」の両方が必要です。しかし、物理学が「正統な」科学で人類学は「疑似科学」といった極端な考えには反対です。私は、すべての物事を一つの原理で説明しようとする「一元論」には疑いをもち、多様性こそ真実だと思っています。多様性や歴史を扱う自然史科学は疑似科学ではなく、「いま一つの（alternative）」科学と考えたいのです。

私が人類学の勉強を始めた1950年代はワトソンとクリックのDNAモデルの発見の直後で、遺伝学がにわかに身近なものになっていました。しかし当時、東大の人類学はその動きを無視していました。学生の私はそれに疑問を抱き、大それたことに自然人類学の大御所の長谷部言人名誉教授（当時）に質問したところ、意外にも叱られてしまったのです。「遺伝学は遺伝子という「変化しないもの」を研究するので、進化を扱う人類学とは違う」といわれました。しかし、先生の「進化」は単なる「変化」ではないのかという疑問は消えませんでした。

大学院の博士課程のときドイツに留学しましたが、そこでは日本と違い人類学教室の看板が人類遺伝学に書き換えられ始めていました。なぜ私が遺伝学の必要性を強く感じたのか、それには次のような体験がありました。20世紀前半の人類学には、まだ古典的人種分類がまかり通っていたのです。アイックシュテットというドイツの人類学者の「人種学」の教科書でアイヌ人の章を見たとき驚きました。何とロシアの文豪レフ・トルストイの写真が載っているのです。ひげが立派で彫の深い顔貌がそっくりだからアイヌは白人系だというのです。いくら似ているからといって、同じ系統などと言えるはずがありません。

日本の人類学の歴史上「日本人の起源」は重要な研究テーマでした。「日本人」はむろん日本国民ではなく、日本列島のヒトの意味ですが、以前からこの名称には違和感を持っていました。最近、斎藤成也は日本列島を「ヤポネシア」と呼んでいますが、これですっきりしました。問題は、主に文化系の方から、この種の研究はナショナリズムや人種分類が目的だろうとの批判があることです。確かに20世紀前半まで、人種分類は人類学の重要な位置を占めていました。「人種」とは、ヒトの集団を見かけ上の特徴（表現型）によってカテゴリー化するものです。黒、白、黄といった皮膚色など、ごく少数の表現型によって分類されるので、集団の系統や進化の研究に用いれば誤った結果に導かれます。

しかし、それではヒトの「地理的多様性」の研究は無意味でしょうか。「ヒトとは何か」という疑問に正しく答えるためには、特異性と並んで多様性の研究が大事です。集団の進化や起源を正しく知るためには遺伝子の多様性の情報が必要ですが、１９８０年頃まではＤＮＡを直接扱うことができませんでした。１９５０年代に「アイヌ白人説」に疑問をもった私は、使いやすい遺伝子標識を開発してアイヌ民族の起源を研究しようと決心したのです。

3. ヒト（Homo sapiens）の特徴と進化

人類の一種としてのヒトの特徴とは何でしょうか。人類史上の画期的な出来事として、「二足直立歩行」や「犬歯の縮小」（約400万年前より）、「石器および火の使用」（約200万年前より）などがよく知られていますが、これらは人類全体の特徴であってヒトだけの特徴ではありません。ヒトに特有なのは形態ではなく心理的機能上の特徴です。私が重視するのは、「言語の使用」、「概念化思考」、「歌と踊り」、「笑いと涙」等、すべてのヒト集団に共通の行動です。これらは遺伝的に決定された大脳新皮質前頭葉の発達によるもので、一部の集団だけに見られる文化現象とは違います。

ヒトが現れるのは約20万年前のアフリカですが、7～10万年前以降ヒトに特有な「現代的」行動が出てきます。「身体装飾」「記号・シンボル」「海産物の利用」「芸術表現」等です。進化によって大脳に新たな機能が生まれた結果と考えられます。

5～6万年前からヒトはアフリカを出て世界に拡散します。その過程でヒトは、それまではなかった大型動物の大量絶滅を招いた可能性があります。「人が変わった」ようなのです。さらにずっと新しい1万2000年前頃から、世界のいくつかの地で農耕・牧畜が始まり、「食料獲得」から「食料生産」への転換が起きました。

進化の概念についてお話しします。一般に、時間と共に変化する現象は進化と呼ばれますが、厳密な意味での進化は遺伝子が時間と共に変化することです。進化の説明原理としては、ダーウィンの自然選択説（1859）、つまり

「適者生存」(Survival of the fittest) が一番有名です。彼の時代にはまだ遺伝子の実体はわかりませんでした。遺伝子には偶然に突然変異が起こり、自然淘汰や遺伝的浮動（頻度の偶然のゆらぎ）によって変異遺伝子の頻度が増減して進化が起きます。ダーウィンの進化論をそのような遺伝学的理論によって補強したのが「新ダーウィニズム」(1930–1960) です。

しかし、１９８３年にこれとは非常に違う「中立説」がわが国の木村資生（1924-1994）によって発表されました（参考、木村1988)。進化の原因である遺伝子突然変異の大部分は良くも悪くもなく中立的で、残るか消えるかは偶然によるという「幸運者生存」(Survival of the luckiest) の原理です。適者生存によって残る遺伝子があることを否定はしませんが、それはごく一部にすぎないというのです。中立説は、発表当時はダーウィン説の信奉者から猛烈に批判されましたが、現在では基本的に認められています。

ジュリアン・ハクスリー（1887–1975）という英国の進化生物学者がいました。祖父はトマス・ハクスリー、教会から糾弾されたダーウィンを守り「ダーウィンのブルドッグ」と呼ばれた人です。弟は小説家のオルダス・ハクスリーです。ジュリアンもダーウィニズムの信奉者、ユネスコの初代事務局長、世界自然保護基金の創設メンバー等として活発な活動をして、人間の倫理の基礎としての「進化論的ヒューマニズム」を主張しました。しかし当時の英国知識人でジェントルマンの常として、優生学や人種分類とも無縁ではなかったのです。しかし、そのことで彼の全業績を批判してはなりません。

彼は、地球史の中で四段階の進化が順次に生じたと主張しました（Huxley 1963)。第一は「物質の進化」で、宇宙の始まりから存在しました。第二は「生物の進化」(ＤＮＡの進化）で、地球上で数十億年前から始まりました。第三が「人類の進化」(文化に依存する進化）で、数百万年前からの現象です。彼のユニークな点は、現代人が言語使用やその論理logos化、概念化的思考などを特徴とする「理性」をもって、第四段階の「自己規制する進化」に到達する可能性です。原文はself-correcting evolutionなので、「自己修復」が適訳かもしれません。

話が変わりますが、「ヒトとは何か」を考える上で参考になるテーマが話題になっています。「チンパンジーは人類か」という問題です。２００５年にチンパンジーの「ゲノム」が読み取られたという発表があり、英国誌ネイチャーの表紙を飾りました。ゲノムはある個体の全ＤＮＡ塩基配列のことです。塩基（ヌクレオチド）はＤＮＡの構成要素で、文章に例えればA、G、C、Tの4文字から成ることはご存知でしょう。

ヒトとチンパンジーは、約７００万年前にアフリカで共通祖先から分かれたと考えられますが、ゲノムを比較すると「遺伝子ＤＮＡ」の塩基配列がたった1～2％しか違わないのです。このため、チンパンジーは分類学上ヒト科に含められます。それはよいとして、チンパンジーは「ほとんどヒト」だとの意見が広がります。極端な例では、チンパンジーを虐待したため「人権侵害」で訴えられた人が出てきました。いくらなんでも行き過ぎです（笑）。

ヒトのユニークさとは何かを考えてみたいので、自動車に例えてみましょう。皆さんは車を買うとき、何を目安に選びますか？ヒトとチンパンジーの遺伝子ＤＮＡがほとんど同一ということは、両種間でタンパク質の種類はほぼ同じということです。車に例えれば、材質やパーツが同じだということです。しかし皆さんが車を買う時、材質で買う人はいませんね。形とか色とか、スピードや快適さという機能（値段かもしれません）で選びます。要するに、「表現型」（ｐｈｅｎｏｔｙｐｅ）が決め手になります。材質やパーツは「遺伝子型」（ｇｅｎｏｔｙｐｅ）に相当し、目には見えません。

分子生物学によって、タンパク質を作る「構造遺伝子」についてはよく判っています。しかし、高等生物の異なる表現型を生みだす「調節機構」についてはまだよく理解されていないのです。我々の個体がなぜある一定の形をとるか、成長に伴って遺伝子は変化するのか、同じ種類でも表現型が非常に違うのはなぜか?例えば、イヌは一種類ですが、チワワからシェパード、ブルドッグまで形態や習性がひどく違います。しかし、ゲノムはみな同じなのです。

表現型は、デザインの違いによって決まるのでしょう。生物には「デザイナー」がいるということです。では、デザイナーはどこにいるのか、という問題になります。実は遺伝子ＤＮＡはゲノムの全体ではないのです。ゲノムは数十億のＤＮＡ塩基配列から成る巨大な分子ですが、その98％はタンパク質を造らない「非コードＤＮＡ」と呼ばれる部分なのです。機能がよく分からないので、ガラクタＤＮＡとも言われてきました。しかしガラクタが何百万年もの間保存されているのは不思議なことです。何か機能があるに違いありません。デザイナーはそこにいるのかもしれません。

「チンパンジーはほとんどヒトだ」というのは、一種の政治的イデオロギーです。ヒトに近いから研究費が出やすいとか、本が売れる、といった宣伝目的が見え隠れします。類人猿にはチンパンジーの他にボノボやゴリラ、それにオランウータンという種類がいて、それぞれ独特で興味深いのです。チンパンジーで代表させる理由はありません。類人猿は尾がないためエイプと呼ばれます。モンキー（単なるサル）とは違い、系統的にヒトにずっと近いのです。上記の4種は大型類人猿ですが、小型類人猿のテナガザル類も音声コミュニケーション等で注目されています。遺伝子型の進化についてはほぼ判ったと言えますが、これからは表現型の進化の研究が主流になるでしょう。

4.　文化と文明

ヒトの研究が単なる生物学では済まされないのは「文化」や「文明」があるからで、難しい面もあるがそこが面白いのです。初めて文化を定義したのは、文化人類学の父といわれるエドワード・タイラー（1832-1917）という英国人です。彼の定義を見ると、「文化または文明は・・・」とされていて、両者を区別していません。しかし、総合的な人類学の立場からみれば、少なくとも私などは、文化と文明は人類進化の過程で非常に違う現象として表れ、現代人ヒトの特異性を形作った重要な要因と思われます。

ヒトは「文化に依存し、文明を造る」唯一の動物といってよいでしょう。文化的行動をとる動物はいますし、遺伝子で決まる本能によってヒトの文明に似た社会を造る昆虫もいます。しかし、文化がなければ生きてゆけない、また文化が造る環境に適応することによって進化し、自ら文明を作り出した動物はヒトだけでしょう。

私は、文化（culture）を次のように定義します。「文化とは、遺伝によらず、模倣や学習を通じて集団内部に拡がり、価値判断によって選択され、世代を超えて伝えられる生活様式（伝統）およびその産物」と。すべてのヒト集団は文化をもちます。また、文化には集団をつくるという性質があります。いい例は宗教です。英語の religion の語源はラテン語の動詞レリク relig で、集まるという意味だそうです。宗教という文化には、人を集めるという性質があるのです。

文化の定義に「価値判断」を用いるのは一般的でないかもしれません。60年も前の学生時代に、大脳生理学の時実利彦教授の講義に感銘を受けました。教授は、巧みな比喩的表現によってヒトの脳機能を素人にもわかりやすく説明されました。脳幹脊髄系は「生きている」（生命維持）、大脳辺縁系は「うまく生きてゆく」（情動・本能）、大脳新皮質は「たくましく生きてゆく」（適応・調節）、さらに前頭葉は「よく生きてゆく」（価値判断、創造行為）という機能に対応します。

また教授は、価値判断こそヒトの最も重要な特徴で、進化の過程で現生人類になってから脳に生じた機能というのです。当時は、人類の進化を「猿人」「原人」「旧人」「新人」という単一系統の漸進的変化で説明していました。旧人（ネアンデルタール人類）は脳容量が現代人（新人）と同程度なので、行動上の相違はあまり大きくないとの考えが主流でした。しかし時実教授は、旧人と新人の頭骨の脳容量ではなく形態に注目し、ヒトの前頭骨が膨らんでいるのは大脳新皮質前頭葉（創造力や価値判断の座）がネアンデルタール人より大きくなったためと解釈されたのです。

文化の原型はヒト以外の動物にも見られます。サルの「イモ洗い」がよい例です。宮崎県幸島の二ホンザルは、餌付けのため砂浜に投げられたイモを海水で洗って食べるといいます。京都大学の川村俊蔵の観察によれば、あるとき一匹のメスの小ザルが、砂浜に落ちた芋の切れ端を海水で洗って食べたというのです。偶発的な発明ですね、これは。天才少女ですよ（笑）。やがて、他の子どもたちが真似をするようになると、それまで無視していた大人たちもやってきてイモ洗いをするようになった、といいます。文化現象の発生から集団化への典型的なプロセスです。

長野県の地獄谷で温泉につかるサルは有名ですが、この行動も一種の文化です。ただ、これらがヒトの文化と全く同じかというと、そうともいえない。時実説では、大脳新皮質の価値判断能力はヒトになってから生じたので、サルにはまだないはずです。動物の嗜好が価値判断の前段階かどうか、私にはわかりません。言葉を介さない模倣によって拡がる文化に似た動物の行動を、京大の今西錦司は原文化（プロトカルチャー）と呼びました。

では、文明（civilization）の方はヒト以外の動物にあるのかという疑問が出ます。アリやハチなどの昆虫では非常に複雑な社会をもち、人間社会の職業に相当する異なる目的をもった個体群や、切り取った葉を集めてキノコを増やすという意味では食物の栽培を行う種類がいます。しかしこれらは、文化の延長である文明とは違い、遺伝的に進化した適応行動と考えられます。

ヒトの文明は、1万数千年前という比較的最近になって世界各地で独立に発生した農耕・牧畜という食料生産活動を基礎に発達しました。約2万年前の最終氷期が過ぎて気候が温暖化したため、人口増加と大河のほとりなど特定地域への人口集中が起きた結果と考えられます。文明は、1万年以内という短期間に起きた、遺伝子の変化を伴わない文化・社会的現象なのです。

約1万年前のヒトはすべて狩猟採集民（食料獲得者）で、多様な植物・動物を食料にしていました。ごく小さな、たぶん150人ほどの個体がバンドと呼ばれる集団を造り、広い土地になわばりをもって他のバンドと接して暮らしていました。文明への変化が当時の全ての集団に起きたわけではありません。なぜなら、現代でもごく少数ですが文明を取り入れなかった人たちの子孫が存在するからです。私の試算では全世界に約70万人、比較的最近（たとえば数百年前）まで食料獲得の生活を営んでいた人たちが現存しています。ヒトにとって文明は普遍的現象ではないのです。

様々な古代文明を見ると、共通の特徴に気付きます。神殿や墳墓などの巨大建造物と居住地を城壁で囲む「都市」が造られ、さらに天体観測やカレンダー、文字、階級制、軍隊、職制、法律等が発明されました。このような人類史上前例のない文化・社会的システムとしての都市文明がさらなる人口増大の結果、18世紀後半からの産業革命を経てわれわれが享受する現代文明につながりました。

狩猟採集民には単一作物用の農地はなく、土地を私有化せずに共同利用していました。堅果や干物の肉（魚）等を除き、多くの食料は貯蔵に適していないので蓄えるという習慣はあまりなかったでしょう。しかし、ムギやコメなどの穀類は貯蔵に適し毎日の必要量以上を蓄えることができます。また、農地は人口増に応じて拡げることができたでしょう。

こうした条件下で、農耕・牧畜生活では土地と貯蔵食料の「私有化」が起こったと考えられます。私有化は食料以外の装飾品や家財、家畜についても起きたでしょう。「土地および財産の私有化」、私はこれこそが文明の基本的性格である、富と権力の個人への集中をもたらした要因ではないかと考えます。

富（財産）は権力になり、個人や特定集団に集中すると暴力的競争（戦争）をまねき際限なく規模を増大してゆきます。極限の形が「王」といわれる巨大権力者で、膨大な財産と権力の保持および、さらなる増大のためのさまざまな装置が用いられました。人々を驚かせて崇拝させるための巨大建造物やシャーマン等の聖職者、暴力的競争のための軍隊や人民を統治するための法律等が造られました。富と権力の巨大化は現代文明にも引き継がれています。資本主義社会では究極的に世界の富の大半をごく少数の富豪が握るようになります。専制によって人民を支配し、あたかも古代の王のように世界制覇を狙う君主があとを絶ちません。

拙著にも書きましたが、文明と台風という現象の間には共通点があります。偶然、太平洋の一点に熱帯低気圧が発生し、気圧や風速が強まると渦となって移動し始めます。海水温や周囲の気象条件によって渦は自動的に成長し、ある限度を越えると制御がきかなくなります。これが台風で、人間にできるのはせいぜい被害を小さくすることです。

文明もそもその始まりは偶然でしょう。後氷期の自然環境の変化によって、大河の周辺など水の豊富な地域にヒトが集中します。ある場所でムギやコメ、トウモロコシなど穀類の野生種が見つかります。狩猟採集民でも植物栽培（園耕：ガーデニング）を知っているので、これを栽培することができたでしょう。こうして、単一作物に頼る「主食」という文化が出現します。貯蔵に適し、農地さえ広げればいくらでも収穫できる穀物が主役になりました。

それまでヒトと共生する動物はイヌだけでしたが、周囲に住む野生動物を家畜化して牧畜文化を生計にする集団が現れます。そして上述のように、この農耕・牧畜文化が古代文明の基礎となり、人口増大、都市文化の発達、土地や財産の競争的私物化、巨大権力者の発生と戦争等を特徴とする文明が自動的に発展したと考えられます。

5.　農耕民と狩猟採集民

私が数えたところ、現在世界に約40民族、およそ70万人の狩猟採集民（hunter gatherer）がいます。なお、近隣の農耕民やマジョリティ集団の影響で混血や文化変容が進み、言語や伝統文化がかなり失われています。このため、これらの人々がみな同じ歴史をもつとは信じられないかもしれません。そこで特にアメリカなどでは、狩猟採集民と農耕民という二項対立を避け、両者を人間集団としてではなく「食物獲得」か「食糧生産」という生計の違いとして理解する傾向があります。

約1万年前、まだ農耕＝牧畜民はいませんでした。人口学者の推定によれば、当時の世界人口は５００万ないし８００万だったといいます。仮に７００万とすると、狩猟採集民は10分の1に減ったことになります。減少の主な理由は、先住民に植民者や侵略者の持ってきた感染症に対する免疫がなかったことです。集団によっては、90％もの人がこれによって死亡したと民族誌の記録が伝えています。

北海道のアイヌ民族の人口は、記録のある１８２２年から１８５５年までに２１，６９７から１６，１３６人に激減しましたが、その原因は倭人との接触による急性感染症（天然痘、はしか、コレラ等）でした（Kodama

1970）。一方、1万年前に農耕・牧畜を始めた人たちは現在75億人に増えています。驚くべきコントラストです。

ここで、先住民対渡来民という問題を考えてみます。明治時代に来日したドイツ人医師Ｅ・ベルツは、日本人には「長州型」と「薩摩型」という異なる人種的集団があると唱えました。この考えを現代的な仮説の形にしたのが形態人類学者の埴原和郎で、彼の「二重構造説」（1991）は有名です。要するに、日本列島の先住民はアイヌ民族の先祖である縄文人で、大陸より渡来した弥生人と混血して現代日本人となった。弥生人は西日本に渡来し東と南に拡がったが、遠く離れた北海道と沖縄では混血の影響が比較的少ないというのです。

鍵となるのはアイヌの人たちです。すでに話したように、20世紀の前半までは「アイヌ白人説」が有力でした。古典的人種分類では、皮膚色など地理的変異の大きい「人種形質」によって分類が行われました。前に述べたように、アイヌの人たちは、豊富なひげや彫深い顔等の特徴からヨーロッパ系と考えられていたのです。

１９６４年にドイツ留学から帰国して母校に奉職した私は、国際生物学事業（ＩＢＰ）というプロジェクトに参加して日本列島の諸集団の地域性を遺伝子レベルで調べました。当時は、ＤＮＡそのものを利用する技術がなかったため、血液型やタンパク質の遺伝的多型（遺伝子の個人差）を標識として間接的にＤＮＡで集団を比較したのです。現在では直接ＤＮＡの検査・研究が当たり前ですが、その前身といえる手法でした。集団遺伝学の理論によって、民族集団間の遺伝的距離（近縁度）を推定し、分子系統樹を作ることができました。

１９６６年から、北海道日高地方で医師会や教育委員会の協力をえて採血が行われ、遺伝子マーカーの検査を行うことができました。「日本人の起源」研究史上初めてのことです。この成果として、１９７２年に私はオーストラリアで開催された太平洋科学会議でアイヌ系集団の遺伝的位置づけについて発表、初めてアイヌ白人説を否定しました。アイヌの人々は日本列島北部の先住民であることが実証されたことになります（図１）。

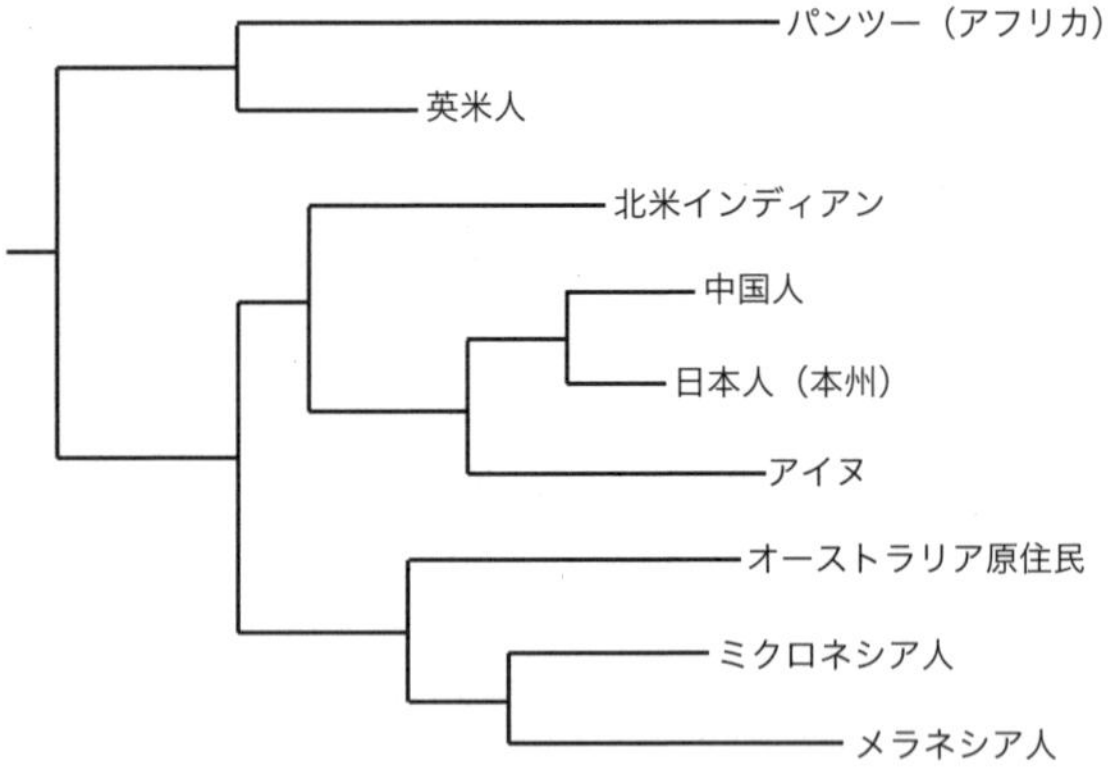

16個の遺伝子マーカーのデータから作られたアイヌ集団の遺伝的位置付けを示す系統樹（尾本、1972）。
図1アイヌ白人説の否定（Omoto, 1972）

先史学や民族学によれば、北海道でアイヌ文化が完成するのは8世紀頃です。しかしアイヌ語を考えれば、アイヌ民族の起源がそんなに新しいはずはありません。遺伝人類学で推定されるように、アイヌ人の起源はおそらく数万年前の後期旧石器時代にさかのぼるでしょう。文化とそれを担うヒトの歴史が同じではないことに注意すべきです。なお、アイヌの人々も狩猟採集民ですが、遊動生活をする熱帯地方の集団とは違って定着し、食料の保存や栽培も行い、交易によって外来文化をとりいれていました。このような集団は「豊かな食料獲得者（affluent forager）」と呼ばれます。

アイヌ民族と日本国との関係の歴史を見てみましょう（図2）。便宜上、寛文9年（1669）の「シャクシャインの戦い」から書いてあります。和人との交易で、あまりの不正に腹をたてた日高アイヌの酋長シャクシャインが立ち上がって松前藩と戦いました。それまでアイヌの人たちは地域ごとにバラバラで、戦争用の武器もないため反抗してもすぐに鎮圧されていました。しかし、シャクシャインは北海道全域のアイヌのグループを糾合して松前藩の本拠（現在の函館）に迫ったのです。

しかし、歴史上、そのようなとき必ず先住民の側に不幸が訪れます。和人が和睦を申し入れ、信じたシャクシャインを酒の席で毒殺してしまいました。スペイン人の征服者（コンキスタドーレ）ピサロが南米のインカ帝国を滅ぼしたのも同じ手口で、植民者の常套手段です。和睦という嘘をなぜ信じてしまうのか。先住民とくに狩猟採集民の人たちは疑うことを知りません。いったん口に出したことは言霊（ことだま）として残ると信じているからです。松前藩の人が言うことも、言霊だから嘘ではないと思ったのでしょう。

明治32年（１８９９）制定の「北海道旧土人保護法」は同化政策です。同化（アッシミレーション）とは、支配される先住民族の文化を否定して植民者の文化を強制することでした。アイヌ民族に対して、「鮭も鹿も獲ってはならない、米を作れ」、と。土地も取り上げて国のものにする。重要なのは言語です。学校でアイヌ語を教えず、日本語だけにする。このような文化否定がどれだけアイヌの人たちの心を傷つけたか（宇梶2011）。このことを、われわれ和人（本土の日本人）は忘れてはなりません。

寛文９(1669)「シャクシャインの戦い」
明治 10（1877）「北海道地券発行条例」
明治 32（1899）「北海道旧土人保護法」
昭和５（1930）「北海道ウタリ（アイヌ）協会」
平成５（1993）「先住民族の権利に関する国連宣言（案)」＊
平成７（1995〜)「世界の先住民族国際 10 年」
平成９（1997）「アイヌ新法（アイヌ文化振興法)」
平成９（1997）「二風谷ダム判決（札幌地裁)」
平成 19（2007）「北海道大学　アイヌ・先住民研究センター」
平成 20（2008）アイヌ民族を先住民とする（国会決議）
平成 21（2009）アイヌ政策のあり方（有識者懇談会（内閣）報告」
2020. 4. 白老町に「国立アイヌ民族博物館」開館予定

＊）平成 19（2007）国連総会決議として採択

図２　アイヌ民族と日本国との関係

平成５年（１９９３）、ようやく国連が「先住民族の権利宣言」を提出します（14年後の２００７年に総会決議として採択）。平成９年（１９９７）には日本で「アイヌ新法」（アイヌ文化振興法）が制定されました。これは旧土人保護法を廃止して、アイヌが日本の「少数民族」で固有の文化をもつことを認めるものです。しかし、少数民族と先住民族では大きな違いがあります。アイヌ民族はもとから北海道にいたのではなく、どこからかからやってきた少数民族にすぎない、と。アイヌ白人説を思い出させる話です。

ところで、北方領土の返還交渉が最近の話題になっています。しかし、北方四島すなわち国後（くなしり）、択捉（えとろふ）、歯舞（はぼまい）、色丹（しこたん）を含む地理学上の千島列島（Kuril Islands）の先住民はアイヌであることが意外にも知られていません。そればかりか、かつてアイヌの人々は樺太（さはりん）にも住んでいました。このことは、知識として忘れられてはなりません。

さて、平成5年（１９９３）に戻りますが、札幌地裁で「二風谷ダム判決」が出ました。アイヌ民族の聖地にダムを造ったのは先住権の侵害である、と。アイヌが先住民だと裁判官が認めた画期的な判決でした。そして、平成19年（２００７）に北海道大学に「アイヌ・先住民研究センター」ができ、翌年の国会でアイヌ民族を先住民と認める決議がなされ、２００９年には内閣府にアイヌ政策のあり方についての「有識者懇談会」が造られました。今まであまり触れないようにしていたが、にわかに教科書等にアイヌ民族のことを書きなさいと１８０度の転換です。オリンピックがある２０２０年の4月には、アイヌ民族とゆかりの深い北海道白老（しらおい）町に「国立アイヌ民族博物館」が開館される予定です。

結構なことだとは思いますが、少し心配な点もあります。あくまでもこれはトップダウンの方針で、国が認知している「アイヌ協会」は賛成していますが、一般のアイヌの方々からのボトムアップの支持は今一つだと思います。日本国立アイヌ民族博物館について、アイヌの人々の思いが反映されるのかに疑問をもつ学者・文化人もいます。日本国はアイヌの人々を散々ひどい目にあわせたではないか。そのことを反省する展示があるのだろうか、と（アイヌ政策検討市民会議2018）。

近年、オーストラリア、アメリカ合衆国、カナダ等で、先住民族に対する過去の歴史を再検討して謝罪、場合によれば補償を考える動きが出ています（吉田2018）。例えば、オーストラリアでは、アボリジニの子どもたちを親から引き離した歴史的事実（盗まれた年代）に対する「反省の日」（National Sorry Day 26.May）が定められました。しかし、日本ではそういう話は一向に出てきません。補償などというと大変だ、極端に言えばカムイモシリ（アイヌ民族の土地）北海道を返せと言われかねない、と。しかし、歴史的事実を認め、先住民に対する謝罪の気持ちをもつことは国家の正義ではないでしょうか。

アイヌ研究の次に私が挑戦したのが、フィリピンのネグリト（小黒人の意）という狩猟採集民の起源の問題です。ネグリト人は非常に小柄で、外観上中央アフリカのピグミーの人々に似ています（図３）。古典的人種分類では両者は同じ人種と考えられました。しかし、アイヌ人の場合と同様に、私は人種という生物学的概念そのものに疑問をもっていましたので、ネグリト人の遺伝的起源を明らかにしようと思ったのです。

図３　ネグリト人との出会い：ルソン島バタアン半島のアエタ族。尾本（後）の身長は179㎝。右端は越後貫博氏。（1976年８月）

１９７５年から１９８５年まで、毎年のようにフィリピンでフィールドワークを実施しました。日本大使館の医療アドバイザー越後貫博氏の紹介でフィリピン衛生省の協力がえられ、血液試料も集めました。アイヌ調査に引き続き、法医学者の三澤章吾博士（現・筑波大学名誉教授）が共同研究者として血液型の研究を実施されました。このとき集められたＤＮＡ試料は、東大の倫理委員会の承認のもとに「アジア人ＤＮＡレポジトリー・コンソーシアム（ＡＤＲＣ）」が保管し、研究のために利用されています。

ネグリト人は今や少数になりフィリピンの山間へき地に点々と分布しているため現地に行くのが大変でした。昆虫採集で鍛えた山歩きが役立ちました。あるとき、徒歩で川を渡るとき、背が低いため半身水につかりながら荷物を頭に載せて歩くおばあさんを助けようと手を貸しました。ところが、川底の石に滑って私がよろけたとたん、彼女がすごい力で引っ張って助けてくれた上、にっこり微笑むのです。立場は完全に逆転しました（笑）。

ルソン島ではアエタとアグタ、パラワン島のバタク、パナイ島のアティ、それからミンダナオ島ではママヌワ、これら5民族を全部調べました。ネグリトの研究としては、アメリカの民族学者B・グリフィンやT・ヘッドランドがルソン島北部のアグタ、日本の文化人類学者の清水展（ひろむ）がルソン島中部のピナツボ火山（1991年に大噴火）周辺のアエタについて行ったものがありました。しかし、われわれが行なった自然科学としての大規模な調査・研究は前例がありません。遺伝学的研究によれば、ネグリトの人たちはアフリカ人ではなく、低身長の特徴は熱帯降雨林への適応進化によりもたらされたと推定されます。

今から5〜6万年前に起きた出アフリカの頃から次第に気温が低下し、2〜3万年前には氷河期の頂点を迎えます。海水面が現在より100メートル余りも低下したため、現在のインドネシアの島々は「スンダランド」という陸地になっていました。おそらく、ネグリト人の先祖はそこで熱帯降雨林への適応進化によって小型化してからフィリピンに渡来したのでしょう。しかし、ミンダナオ島のママヌワ人だけは他のネグリト人と少し違うルートで渡来した可能性があります。この人たちは他のネグリト人より少し背が高く、タンパクの遺伝子マーカーにも異なる特徴があります。私は仮説として、スンダランドではなく現在のセレベスやハルマヘラの島々がある「ウォーレシア」から渡来したのではないか、と考えています。

ヒュー・ブロディーという英国の文化人類学者は、『エデンの彼方』(2003）という本でいいことを言っています。第一に、狩猟採集民は我々農耕民とその末裔の「同時代人」で、古いか新しいかという問題ではない。第二に、狩猟採集民は定住生活者、農耕民は遊動生活者である。みなさん、逆ではないかと思われるでしょう。狩猟採集民が遊動、農耕民が定住、と。ミクロにはそう見えますが、マクロというか、歴史的に見ると狩猟採集民のほうが移住せず、祖先から受けついだ土地の資源を頼りに生きていたのです。一方、農耕・牧畜民はどんどん増えて広がり、移動して、世界中で先住民の狩猟採集民を殺したり追い払ったりしました。第三の点は、聖書の「創世記」は農耕民の神話で、狩猟採集民は完全に無視されている、というのです。

狩猟採集民は文明の「落ちこぼれ」ではないか、なぜ研究するのか?と聞かれたことがあります。質問者は「野蛮から文明へ」という誤った進歩観の持ち主でしょう。むろん、現代の狩猟採集民は1万年前のヒトと同一ではなく、当時の生活様式がそのまま伝わっているわけではありません。農耕民によって周辺に追いやられ、混血も進んでいて本来の行動や文化を完全に復元することは困難です。しかし、人類学者の地道な研究の蓄積によって、彼・彼女たちは野生的だが決して野蛮ではなく、「ヒトの原点の生き証人」として現代文明人に無言だが重要なメッセージを発信していると考えます。

・小集団（核家族の集合体：バンド：150人程度）
・きわめて低い人口密度（1％以下）
・主食はない（多様な食物）
・食物を保存しない（熱帯地方）
・ある程度の保存（温帯地方）、植物栽培（園耕）
・食物や道具の徹底的平等分配
・全員で食事を共にする（共食）
・男女の役割分担（男：狩猟、女：育児、採集）
・リーダーはいるが階級はない
・自然への畏敬の念（アニミズム、精霊信仰）
・正確な自然の認識（自然現象や動植物の知識）
・豊かな食料獲得者は農耕民に類似（例：縄文農耕）

図4　狩猟採集民の特徴（例外はある）

集団サイズは小さいが過密がない、「主食」はなく食べられるものは何でも利用、食物や物品の平等配分、家族や近隣者との「共食」、リーダーはいるが階級制はない、自然の深い知識と畏敬の念（アニミズム）、等です（図4）。

なお、狩猟採集民と農耕・牧畜民の二重構造は日本だけでなく、世界のどこでも見られます。狩猟採集民の生活様式の中には、進みすぎた現代機械文明の社会が学ぶべきものがあります。この人々のことを研究・理解し、広報し、力を貸すことができるのは人類学者だけでしょう。皆さんは、珍しい動植物を「絶滅危惧種」などと大騒ぎします。ワシントン条約で保護すべしと言ってね。しかし、多くの狩猟採集民で言語や伝統文化が失われてゆくことは（民族の）絶滅ではないのでしょうか。

ミンダナオ島の北部スリガオ州のタガニート地区で、日本の住友金属鉱山会社が出資する現地法人による大規模なニッケル鉱山開発が行われています。実は１９７８年に私は背後の山に住んでいたママヌワの人たちを調査したのです。２０１５年にスリガオ市で開かれた「ママヌワとの対話」という国際会議に招待されて40年ぶりに現地を訪れたとき、かつての調査地の面影が全く無くなっているのに呆然としました。森は消え、１００家族ほどのママヌワの人たちは低地の村に移されていました。

かつて調査したママヌワの人たちが苦境に立っているのを見過ごすことが私にはできず、人権問題を調べてみました。アジア太平洋資料センター（ＰＡＲＣ）という日本のＮＧＯが造った『スマホの真実』というドキュメンタリー・ビデオがあります。スマホの材料になっている様々なレアメタルの由来がテーマです。これを見ると、やむなく本来の居住地を離れる人たちや、海岸で貝が見つからずに嘆く女の子、川の水に含まれる有害物質のためか皮膚が爛れる人等のショッキングな画面があり、心が痛みます。

悪徳鉱山開発者に抵抗するママヌワの人たちの姿も出てきますが、最近、悲劇が起きました。反対運動を指導していたニコ・デラメンテという27才のママヌワ青年が、白昼暴漢に銃で撃たれて殺されました。警察も国軍もいまだに犯人を逮捕するどころか、特定もしていません。いったい、どうしたことでしょう（図５）。

フィリピンは森林、鉱物、海産物などの資源が非常に豊かな国でした。過去形で言わねばならないのが残念です。

森林は今や見る影もありませんが、その一因は日本が戦後の復興期にラワン材を大量に使用したためと言われています。銅やニッケル等のレアメタルについても日本はフィリピンに大きく依存しています。日本人として私は感無量です。

資源が豊富なのにかえって貧乏になるという矛盾は「資源の呪い」として知られています。「先進国は南の途上国の天然資源を収奪して豊かな文明社会を築いたが、それに対する正当な対価を払っていない。取引価格に採集・採掘のため犠牲になった生態系、生物多様性、そして先住民の文化伝統といった本来極めて価値の高いものが含まれていない。荒廃した土地が残り、国が豊かになるどころか最貧国として国民が被害にあう、いわゆる「資源の呪い」に取り憑かれた多くの国に対し先進諸国は大きな負債を負っている」（谷口2011）

図５　ママヌワのリーダーニコ・デラメンテ（27才）。2017年1月20日に暗殺。ビデオ『スマホの真実』(PARC, 2016) より。

鉱山会社は利益の１％をロイヤルティ（補償）として先住民の居住者に支払うことが法律で決められています。そのほか、日本の鉱山会社の現地法人は、開発のために移住を余儀なくされたママヌワ族住民のために、住居や寄り合い所、さらに病院や学校を建てる等の協力を行っています。しかし、それでママヌワの人たちが満足しているかというと、実はそうではないのです。２０１５年の国際会議の折にママヌワの人たちが「権利宣言」という文書を発表しました。その終わりの部分を紹介します（図６）。

それを見ると、アイヌの人々と同じ問題がここでも起きているのに気付きます。国によるトップダウンの開発や事業は、たとえ善意からであっても、当事

Finally, it is a terrible mistake to think that our lives have changed for the better because of the royalty given to us under the law by the mining firms for exploiting the mineral resources in our ancestral domain.

It is too little a price for our demise as a human race.

*Many Mamanwas, once known as a gentle people, are now arming themselves and joining the insurgency.

図6　Mamanwa Declaration (2014)　(抜粋)

者である先住民の意見を聞かずまたその文化や歴史に充分な配慮をせずに行われることが多い。例えば、ロイヤルティがキャッシュで特定の「代表者」の銀行口座に支払われますが、私はこれが間違いのもとだと指摘しています。ママヌワ族ではない現地の有力者や団体がこれを狙って争う上、他地域のママヌワの人々が無視されるため、民族の分断が心配されます。キャッシュ払いではなく、民族の福祉や教育のための施設や基金を創設する方が良いと思います。

残念なことに、先住民族のために設置されている国の機関「National Committee for Indigenous People: NCIP」は、あまり助けになっていないのが現状です。事情を知る良心的な法律家や人類学者に先住民を代弁するチャンスが与えられればよいのですが、それもありません。

権利宣言には「今までおとなしい民族として知られてきた我々ママヌワ族の人たちの中には、今や団結して戦おうという者もいる」と書かれています。追い詰められた人々にはテロに走る可能性があります。為政者は安易にテロと非難しますが、原因が何かを調べなければなりません。現代文明の下で生きる人間（ヒト）を研究する人類学者が、そこまで考えねばならない時代になっているのです。

私が代表者である「先住民族問題研究会」は、２０１９年2月15～24日にママヌワの部族リーダーとインテリの二名を日本に招くことにしました。大阪と東京の大学等で講演やインタビューを通じて、フィリピンのFirst Peopleの末裔である彼らの文化や、困難な生活の現状を日本の皆さまに知っていただきたいのです。お話ししたように、多国籍企業による鉱山開発のため彼らは今「てんやわんや」の状態に追い込まれています。彼らには、企業を告発したい気持ちがあるかもしれません。しかし私は、もし人類学者の出番があるとすれば、その目的は告発者と国や企業との間に立つ「仲裁者」になることだと思います。

1. 人口過剰（社会的接触の過多から攻撃性がたかまる）
2. 自然破壊（資源の枯渇および自然に対する畏敬の念の喪失）
3. 競争の激化（国家はあたかも異なる生物種のように殺し合う）
4. 感性・情熱の萎縮（科学技術の過大な進歩による虚弱化）
5. 遺伝的衰弱（自然淘汰の消滅による）
6. 伝統の破壊（急激な価値判断の変化によって世代間の対立）
7. 教化（教育・マスコミによる画一化の危険）
8. 軍拡と核兵器（言わずもがな）

図7　文明化した人類の八つの大罪（K. Lorenz, 1973、補足：尾本）

6. ヒトに未来はあるか？

１９７０年代に現代文明の問題点を提起する本がベストセラーになりました。レイチェル・カーソンの『沈黙の春』(1974)、ローマクラブの『成長の限界』(1972)、コンラート・ローレンツの『文明化した人間の八つの大罪』(1973)、エルンスト・Ｆ・シューマッハーの『スモール・イズ・ビューティフル』(1986) 等です。内容は「環境破壊」「有限な自然資源」「生物として矛盾した人間」「等身大の経済」です。文明の危機を訴えて、世界中の多くの人が読んで共感を覚えました。

ローレンツの「八つの大罪」(図７) は、キリスト教でいう「七つの原罪」(高慢、憤怒、嫉妬、怠惰、強欲、大食、色欲) をもじったのです。彼はオーストリアの動物行動学者で、「刷り込み理論」でノーベル賞を受賞しました。刷り込みとは、例えば孵化したばかりのアヒルのひなに玩具の人形を見せると、母親と思ってついてゆく行動です。動物の行動が遺伝だけでなく個体発生初期の偶然によって決まることを始めて理論化しました。

八つの大罪の中で彼が最も重視したのは人口増大です。動物の個体数は外界の条件によって増えたり減ったりしますが、増えすぎるとイナゴの大群のように草を食い尽くして全滅するのが通例です。しかし、文明下のヒトは例外で増えつづけます。文化によって環境の許容限界を押し上げるからです。副作用として環境破壊や資源欠乏が起きますが、ローレンツは他にも重大な問題があると言います。それは、「過密」です。多数のラットをケージに詰め込んで飼育すると、共食いや異常な性行動が起きるという「カルフーンの実験」があります。現代社会で毎日のように報道される殺人や性的被害等には、この実験が暗示する恐ろしい可能性が潜んでいます。

カーソンの『沈黙の春』で、虫や鳥たちでにぎやかだった池を沈黙させた犯人はＤＤＴでした。その後、さまざまな農薬による環境汚染が問題にされ、内分泌腺に影響を与える「環境ホルモン」が、実は脳神経にも害を与えることが発見され、１９９５年に18名の学者による「シシリー宣言」が出されました。「切れる」こどもが増えている等の報告がありますが、農薬汚染が絡んでいる可能性は大だと思います。

プラスチック（石油由来の合成高分子）製品のゴミによる汚染が大きな問題になっています。ウミガメやクジラがビニール袋を誤って飲み込んで死んだとか、目に見えない微細なマイクロ・プラスチックが人体内にも発見された等が報道されています。１９５０年代から登場したプラスチックは現代文明を象徴する物質の一つで、これがない生活など想像できません。しかし、もともと自然界には存在せず、細菌によって分解されないのでゴミ処理が非常に困難です。開発した化学研究者はゴミ問題までは考えなかったのでしょう。重大な副作用の可能性に気付かず、または無視して新発見に夢中になる。核物理学者と原子爆弾の関係に似ています。

現代文明下でもてはやされる新発見・発明の条件として、私は、「新しく」「便利で」「お金になる（経済効果）」の三つをあげます。しかし、これらには副作用やゴミ、無駄、格差といった問題を軽視する危険があります。「自己規制する文明」の下では、「原点を忘れず」「無駄を省く」「儲けすぎず、分配せよ」という理念をもって、副作用や廃棄物の問題を視野に入れた開発がなされるでしょう。

元アメリカ副大統領のアル・ゴアは、地球温暖化の問題を『不都合な真実』という映画や本で大々的に宣伝しました（ゴア2007）。トランプ現大統領が地球温暖化を認めないのは政治経済的理由からでしょう。しかし学者にも文明の副作用としての地球温暖化を認めず、「今は間氷期」などと主張する人がいます。温暖化と異常気象、特に海水温の上昇による台風の大型化と頻発の間に因果関係はないのか。温室効果ガス作用の仮説を検証するのが先決だと思います。科学は証拠を必要としますが、証拠が完全に揃うまで何もできないのでしょうか。

学者の警告にもかかわらず、１９７０年代から今日まで地球・人間環境の危機はますます悪化しています。大企業や政治家は、既得権益の保持とさらなる増大のため学者の警告を無視します。現代文明をリードしているこれらの勢力や大国主導の国際政治の醜さを子どもたちにどう説明すればよいのでしょうか。

１９９０年代に米・ロの冷戦時代が終わり、ようやく戦争の脅威がなくなったかにみえました。しかし、今や中国が加わり覇権を意図する大国間の競争、それに一神教にこり固まった国家、分断や難民などの問題が世界各地でテロを初めとするローカルな戦争の危機を生んでいます。様々な要因が複雑に絡み合ってもたらされる一時的な平衡状態が、ごく小さな偶然の出来事を契機に崩れ去ることは、過去の二度の世界大戦で証明ずみなのに、です。

ところで、文化人類学には「文化相対主義」という考えがあります。良い文化、悪い文化というものはない、と。しかし、身分制や男女差別を公然と認める文化はいかがなものか。イスラム圏での一夫多妻制やインドのカースト制度等です。さらに、アフリカには女の子の性器を一部切り取るという驚くべき伝統文化が存在します。女性性器切除（Female Genital Mutilation: FGM）です。信じられないようなことが「通過儀礼」として今日でも行われています。人権無視の最たるものですが、伝統文化の名の下に放置されています。国連では2030年までに根絶させる目標を定めていますが、文化相対主義を盾にとって反省しない関係国の抵抗があり、実現が危ぶまれます。今さらながら、国連の無力化には腹が立ちます。

これまでお話ししたこと、ご理解いただけたでしょうか。SFではないので、核戦争や天変地異、さらに新型ウイルスによるパンデミック等でヒトが絶滅に瀕するシナリオは考えないことにします。しかし現在のまま文明が進めば、未来があると言い難くなるのではないでしょうか。「生活の質」(Quality of Life: QOL）はますます低下するでしょう。しかし、人類（ヒト）学というマイナーな学問にいったい何ができるのでしょう。

7. 人類学の出番

先に、日本の人類学が文系と理系の二つに分離した歴史について述べました。この乖離こそ、人類学がその持つべき力を発揮できないでいる最大の理由です。京大の山極寿一さんとは対談で、「日本発」の総合的人類学を模索することで一致しました。日本の人類学は自然史から出発した古い歴史をもち、欧米の人類学の亜流となることを排して独自の発展をとげました。山極さんはゴリラをモデルに人類を、私は狩猟採集民から現代文明を見るというアプローチをとっています（山極・尾本2017）。二人は「原点」を重視する態度を共有しています。

「また比喩か」と言われるかもしれませんが、ここで学問研究と音楽演奏を比べてみたいと思います（笑）。専門研究、学際研究、総合研究はどう違うのでしょうか。音楽に例えると判りやすいでしょう。専門研究は「ソロ」

演奏です。バイオリンでもピアノでも、ある楽器を練習して、一人前のリサイタルを開く。一人では物足りないと思えば、二人で「デュエット」、三人で「トリオ」、四人で「クァルテット」を演奏する。それが学際研究、違った楽器（専門：ディシプリン）をもつ人の協同作業です。

私は、専門研究としての人類集団遺伝学を東大理学部で、リタイアしてからは文理合同の学際研究を日文研で行いました。梅原猛所長（当時）は、日本文化の研究にはその「担い手」であるヒト（日本人）を含めるべきと考えられていました。日本文化の古層にアイヌや縄文の文化があり、それを担ったヒトがいた。両者の同時研究が必要と「日本人および日本文化」の起源に関する学際研究を実施し、素晴らしい人脈がえられました。

学際研究には「マルチ型」と「インター型」があります。あるテーマのもとにトップダウンで話者が指名されるシンポジウム等があります。演者は、そのテーマに特に興味がなくとも義務で何かを話す。これがマルチ型です。それとは違い、専門は異なるが特定のテーマへの問題意識を共有する複数の学者がボトムアップで参加するのがインター型の学際研究です。私が日文研で実施したのはこちらだったと信じています。

総合研究は、学際研究（インター型が望ましい）から発展するもので、音楽に例えればオーケストラです。上記の「日本人・日本文化」研究は１００人規模の大きな共同研究でしたが、二重構造説をたたき台にして日本人・日本文化起源論を発展させる目的を共有する、様々な分野の専門家がメンバーでした。むろん、指揮者の役割は非常に重要です。

坪井正五郎の時代とは違い、総合学としての人類学は一人ではできません。多くの研究者の協同で実施されます。年齢の要素もあります。年をとると、若い時のように個々の楽器に執着せずに音楽をやりたい、場合によっては作曲もしたいと思うようになります。弟子たちが独立して面倒をみなくともよくなると、学際研究や総合研究のチャンスです。

物理学や化学と異なり、人類学は基礎科学の中でもとくに「役に立たない」学問といわれますが、本当にそうでしょうか。最近、静岡県知事の川勝平太氏に招かれて「物理学の時代から人類学の時代へ」という、だいそれたテーマで講演をしました。批判は承知の上で、文明の自己規制のために文理合同の総合的人類学の出番が来ていると主張しました。

先に述べたように、物理学は「深く狭く」の代表的な学問ですが、人類学は「浅く広く」を良とします。前者は「シンプル」な法則性、ある意味では「一様性」への希求を持っていて、これが現代文明の拠り所となっていました。後者は反対に、複雑なもの「多様性」をキーポイントとして、現代文明の修復への可能性を秘めていると考えます。

いずれにせよ、理系と文系に分裂した人類学の総合化が必要です。問題は大学等で人類（ヒト）に関する体系的な教育が全くおろそかで、自然系と文化系の間でバランスを欠いていることです。人間（ヒト）の問題を自然科学だけとか、人文・社会科学だけで教えるのは不適当だと考えます。そのため、教養学部の上に専門学部、さらに大学院といった「タテ割りタテ社会」の専門教育中心の大学より、最後まで教養（リベラル・アーツ）に徹する大学等が人類学の教育・研究の場として適しているのかもしれません。

人類学とくに自然人類学には反省点があります。人種分類によって集団間に優劣を持ち込む「人種主義」が助長され、植民地主義の片棒を担いで先住民の人権を無視して研究対象の被験者を単なるサンプルとしてしか扱わない、等々です。大学等に保管されている人骨標本には盗掘されたものすら含まれていて、先住民族への返還が課題になっています。人類学者は、これらの反省点を真剣に受け止めねばなりません。

私の人類学のモチーフ「ＤＮＡから人権まで」に違和感を持たれるかもしれません。これは自己の研究遍歴から生まれたのですが、ヒトの生命および進化の原点がＤＮＡにあることをまず認めるのです。ついで個体から集団へと複雑性が増すにつれて「文化をもち、文明を造る」存在としてのヒト（人間）の多様性や進化の研究になります。広い視野をもつ自然科学と人文科学・社会科学の両方が必要とされるでしょう。しかし、それだけでよいのか。私は、人類学の究極の目標が人間（ヒト）の「尊厳」や「権利」および「義務」を明らかにすることではないか、と考えます。

科学に「心情」を持ち込むことはタブーです。人類学は直接ヒト（人間）を対象とする点で医学と同じです。医者の原点が患者を病気から救いたいという一種の心情であるのと同様に、人類学者も被験者を単に研究試料（サンプル）として扱うのではなく、同じ人間としての共感や相互理解という心情をもつことが許されるのではないでしょうか。

かつて学生に、「頭（理論）、手（実験）、足（フィールド）の三者すべてを研究に活用するように」と教えていました。しかし、研究する者と研究される者は同じ人間なのです。対象を単なる研究材料とみなさないなら、人類学の研究には「頭と手と足」だけでなく、今一つの要素が必要だと思うようになりました。それが「心」です。

ジュリアン・ハクスレーの進化論を想いだしてください。地球上の生命はＤＮＡの進化で始まり、文化をもつ人類の進化へと続きました。そして現在、ヒトは「理性」をもって進化の自己規制をすべき存在になっています。彼が、進化論にもとづくヒューマニストと言われる所以でしょう。私も彼をモデルとして、「ヒューマニティ」（人類とも人間性とも訳される）の研究を目指してゆきたいと思います。

ヒトがアフリカを出て世界に広がったのは５～６万年前です。同じ頃、ヒトは遠く離れたオーストラリアに忽然と姿を現します。このころのヒトは全員が狩猟採集民でした。船などなかったはずなのに、どのようにして海を越えることができたのか？この謎に対する答えがでるかもしれません。国立科学博物館の「3万年前の航海」プロジェクトです。旧石器時代人が「意図的に」海を越えることがあったとの仮説を検証するため、自然人類学者の海部陽介が中心となり、研究者と一般市民の協同作業が始まっています。旧石器時代の石斧を使って大木を切り倒して丸木舟を造りました。これから、この舟で台湾から与那国島への実験航海を試みるそうです。

「芸術は爆発だ」と言った岡本太郎の真似をして、私は「人類学は冒険だ」と言っています。学校ではまともに教育されていないのに、一般市民やジャーナリズムは人類（ヒト）に熱心な興味を示します。ネイチャーやサイエンスといった雑誌に、医学や生物学、物理学等の最新の専門研究の論文に交じって人類学の新発見が掲載されるのは珍しいことではありません。人類という我々自身のことだから、または「ロマン」があるからかもしれません。海部さんたちは「白い巨塔」から抜け出し、共感する一般市民と一緒に「実験考古学」という新しい研究分野を広めています。人類学は、宇宙ロケットや素粒子研究のようなトップダウンではない、ボトムアップの研究を目指します。

人類（ヒト）学の宣伝のため、老骨に鞭うって講演等の活動を行っています。2018年5月13日、国際文化会館（東京）で「自己規制する文明は可能か？」というテーマの講演会が開催されました。講師と演題は、尾本恵市（東大名誉教授）「自己規制する文明は可能か？自然人類学からのメッセージ」、谷口正次（資源・環境ジャーナリスト）「欲望を野放しにする文明から自己規制する文明へ」、前田泰宏（経済産業省商務情報政策局審議官・当時）「懐かしい未来、第0次産業革命への挑戦」。めずらしく「産」「官」「学」の三者がそろいました。講演記録の残部がありますので、希望者は下記にご連絡くだされればお送りします。keiichi0637@gmail.com

ご清聴ありがとうございました。

参考文献

アイヌ政策検討市民会議（2018）『世界標準の先住民政策を実現しよう』。

宇梶静江（2011）『すべてを明日の糧として』清流出版。

内堀基光（2012）『「ひと学」への招待――人類の文化と自然』放送大学教育振興会。

尾本恵市（2016）『ヒトと文明――狩猟採集民から現代を見る』ちくま新書。

海部陽介（2016）『日本人はどこから来たのか？』文芸春秋。

Ｒ・カーソン（1974）『沈黙の春』青樹簗一訳、新潮文庫。

川田順造編（2006）『ヒトの全体像を求めて――21世紀ヒト学の課題』藤原書店。

川村伸秀（2013）『坪井正五郎』弘文堂。

木村資生（1988）『生物進化を考える』岩波新書。

Ａ・ゴア（2007）『不都合な真実』枝廣淳子訳、ランダムハウス講談社。

斎藤成也（2015）『日本列島人の歴史』岩波ジュニア新書。

清水展（2003）『噴火のこだま－ピナトゥボ・アエタの被災と新生をめぐる文化・開発・ＮＧＯ』九州大学出版会。

Ｅ・Ｆ・シューマッハー（1986）『スモール・イズ・ビューティフル』小島慶三訳、講談社学術文庫。

高倉浩樹（2018）『総合人類学としてのヒト学』放送大学教育振興会。

谷口正次（2011）『教養としての資源問題』東洋経済新報社。

時実利彦（1970）『人間であること』岩波新書。

Ｈ・ブロディー（2003）『エデンの彼方』池央耿訳、草思社。

Ｄ・Ｈ・メドウズ（1972）『成長の限界ローマ・クラブ「人類の危機」レポート』大来佐武郎訳、ダイヤモンド社。

山極寿一・尾本恵市（2017）『日本の人類学』ちくま新書。

吉田邦彦（2018）『民法学と公共政策講義録』信山社。

K・ローレンツ（1973）『文明化した人間の八つの大罪』日高敏隆・大羽更明訳、思索社。
J. Huxley (1963) The Human Crisis, Univ. Washington Press.
S. Kodama (1970) Ainu: Historical and Anthropological Studies. Buneido, Sapporo.
K. Omoto (1972) Polymorphisms and genetic affinities of the Ainu of Hokkaido. Hum. Biol. Oceania 1:278-288.

［おもと　けいいち／東京大学および国際日本文化研究センター名誉教授／自然人類学・集団遺伝学］

（コメント）

企業活動の観点から

——「総合知」の重要性と活用の諸相——

塚原　淳一

1. はじめに

筆者は永年産業界に身を置いた背景をもつ会員である。企業人としての前半は理系専門性を活かした研究開発活動であり、後半は様々に生きる人々に直に触れての、文系思想に支えられた幅広い経営活動であった。本論ではこの立場から「文系不要論」について論評し、さらに尾本「総合知」構想の展開に向けて一つの考えを示す。そのために、まず筆者の立場を略歴とともに記しておきたい。

筆者は大学の理学部で物理学（理論コース）を専攻した後、総合電機メーカーで照明事業分野の研究開発者として活動をスタートした。そもそも照明学は光源を中心とする基礎科学技術と、光環境の設計技術およびそれの人と社会への影響評価技術とから成る。前者は、量子論に基づく光源の発光原理や特殊材料の物性物理学、電磁気学などの専門知で、後者は人の感性や心理を対象に光環境の安心や快適性の評価に必要な視覚・大脳生理学や心理学、色彩学などの専門知である。筆者はこうした環境で新しい照明の研究開発に携わったが、そこでは各種専門知に加えて、「本質」追求と「人間」理解の姿勢を文理共通の大前提として大切にした。

次にその研究成果を持って技術部門へ転じて製品開発・設計を担当し、さらにそれを製造・大量生産する直接部門に転じて、製造技術および大勢の人間集団を率いる生産ラインの管理者を務めた。だが、事業は成長したものの、特別な事情で他社へと売却されて筆者は社内失業の身となり、その後は主に海外業務に携わる。

最初は、朝鮮戦争停戦後の混乱と貧困の中で南北が厳しく対立する戒厳令下の生活と、植民地支配からの強い反日感情を潜在特徴とする韓国に駐在して、日韓合弁会社の技術指導に当たった。ついで欧州に渡り、旧東ドイツ国営企業向けプラント輸出の業務で4年半の社会主義国生活を体験する。そこは駐留ソ連軍の圧力と秘密警察や密告による日常的監視、そして厳重な国境壁によって辛くも体制が維持された自由の無い閉鎖国家であり、未来に希望を持てず、また家族以外は（ときには夫婦間ですら）信用できない状況で生きる人々に接する日々だった。

帰国後は、照明研究部門責任者として研究者を率いて光源開発等をするが、再び、タイ国の製造販売合弁会社に転じて、約３００人の小規模ながらタイ人の中で唯一の日本人として海外企業経営に当たる。そして国内に戻り、中規模の製造販売会社を、次に大規模の製造販売会社経営に携わる中で、両社が北米、欧州、中国などに持つ海外子会社の経営にも当たった。

こうした様々な人と社会に直にかかわった体験の上に、個人的関心で20代より始めた世界宗教の研究で、欧州、中東、イスラエル、インド他を旅して体感した「人間イエスの思想」と「人間ムハンマドの思想」に加え、「人間釈迦の思想」から強く影響を受けて「深い人間理解」ということに思い至り、筆者の中に人間重視の経営思想が固まっていった。それをひとことで言えば、「企業は人間の集団であり、お客様も人間である。そして社会は様々な人間が様々な思いと繋がりを持って生きている場であり、『人間』理解が無くして経営は成り立たない」というものであった。

2. コメント

2.1 文系不要論について

昨今、文科省を先頭に「文系学術研究不要」の議論がある。企業の中でもまだ文系・理系の区分が残っていて、新入社員枠を両者に分けて採用する所が少なくない。しかし、自然・人文・社会科学の学術成果を有用な商品（生産物やサービス）として提供し、人と社会にあらゆる形で影響を及ぼす企業活動に永らく身を置いた筆者には、文系・理系の区分意識よりも、それら「専門知」をいかに集め・いかに融合させて創造へとつなげるかが大事であった。また、そこでは商品に関係する科学技術「知」だけでなく、人文・社会科学「知」に基づいて、それが人と社会に与える影響について塾考した末の「正しい判断」が必要だった。従って、多岐にわたる学術研究分野を「文系・理系」に分けて論じることにそもそも違和感を持ち、両者を対立関係で捉える議論に乗ってゆけず、ましてや「文系学術研究不要」などは論外と考える。

筆者には「総合知」が前提としてあり、それをどう活用しいかにして「正しい判断」に至るかの方が問題だった。以下では、筆者が最も大切にする「正しい判断」に「総合知」を活かすために重要と考える事柄として、「深い人間理解」と「深いアセスメント」という二つのポイントを強調して述べ、さらに「正しい判断」を支える「価値観」という基盤に相応しいと考える「人間釈迦の思想」に注目したい。

2.2 総合知――その重要性と活用について

(1)「総合知」の重要性と「深い人間理解」

筆者が所属したような研究開発から製造、販売まで一貫した事業組織を持つ企業内では、大学と大学院で文系・理系各種の「専門知」を身に着けた学士や修士が幅広く活動し、夫々の業務を通じてさらに専門性を深化させ、博士号を取る者も少なくない。また、個人差はあるが、実社会の様々な人間活動に接する中で、自身の人間の幅を広げる努力をしている。

こうした様々な専門性を持つ人材の協調とその「知」の融合が企業活力を生み、また将来の企業発展の基盤を築くわけで、夫々の「専門知」を有機的に結合することが経営の要となった。そして、多くの人材の力を結集するには、誰もが本質的に魅力を感じて求心力を生む企業活動目的を明示することが不可欠であり、それは「総合知」に基づいた「深い人間理解」からのものでなければならなかった。また、個々の開発アイテムを実施するか否かの決定では、「総合知」を活かした「深いアセスメント」の上での「正しい判断」が大切であった。

本来、企業内の全ての活動は、「総合知」を活かした「深い人間理解」の上で行われるべきなのだが、残念ながらそれらは十分と言えずに様々な問題を引き起こしており、これについては後ほど立ち入る。

(2)「深いアセスメント」

企業活動では様々な場面で「知」を結集した判断が必要だが、特に重要な場面が二つある。一つは研究開発企画や事業企画とよばれる企業活動のうちいわば上流の判断場面で、ここでは理系の研究者や技術者が性能や効果をPRするのが一般的である。もう一つは、生産物やサービスを市場に送り出すかどうかを決める下流の最終場面で、経営トップ層による判断が決定的に重要となる。だが、どちらの場面でも、理系の専門家やリーダーが説明するのは開発メリット、即ち人と社会へのプラス効果だけになりがちで、魅力的な未来を誰にも期待させる。他方その開発によるマイナスの影響について徹底した議論が為されることは少ない。しかし、製品やシステムが完成して市場で人々の自由な選択に任されると、企業人の予測を超えて使われることが度々あり、もはや人間の力ではコントロール出来ないとして放置されることもある。まして、独裁政治家や軍人の手に委ねられた時、そこに生れる大きな悲劇は過去の歴史が物語っている。

筆者は、製品やシステムの実使用時の品質保証を目的にした在来の「アセスメント」に加えて、地球環境への影響に対する事前評価を「広いアセスメント」と呼んで実施してきた。最近はその上に、最新の科学「知」の商品化が人と社会に大きな危険を生む可能性の事前評価を、「深いアセスメント」と名付けて提唱している。そしてこの「深いアセスメント」こそが、文系・理系の両専門家が「総合知」を基に力を合わせて為すべきことと考える。

「深いアセスメント」の例をいくつかあげてみたい。

まず、「深いアセスメント」を実施して良い結果を得た身近な企業活動事例として、Y社の「高齢者介護用オムツ開発」を紹介する。Y社は介護分野で後発だった。既存のオムツは高齢者がベッドに寝た状態で交換するもので、介護者が交換し易く時間のかからないタイプが良いとされて商品化を競っていた。だが、後発のY社はベッドに寝かされた高齢者の心理から入った。こうした高齢者にとって「排泄物を他人に処理してもらうことは最大の屈辱、尊厳の否定」で、心の中には「自分でトイレで用を足したい」という願望があることに気がついた。

そこで、Y社は高齢者がベッド脇に立った状態で、オムツを取り替えるタイプを商品化することを決めた。最初は介護の労力が増えて不評だったが、寝たきり高齢者は立ち上がる意欲を強く見せて努力し、ついにはベッド脇に立った。更にその意欲が続き、トイレに歩いて自分で排泄するまでに変化したのである。これが評判を呼び、Y社のオムツは高齢者介護市場で着実に伸びて行った。それは寝たきり状態を進行させるオムツから、自立的な生の回復を促す人間尊重型オムツへの転換だった。

次に「深いアセスメント」の不十分さを反省する事例を挙げると、最も有名なのは、ナチスドイツが先に手にするのではないか（じつは誤報）との人類的恐怖から出発した原子爆弾開発であるが、さらにそこに、人々の前に理想のエネルギーとして登場し、安全神話の下に拡がった原子力発電が加わったと言える。

筆者が携わった照明の世界にも「深いアセスメント」の必要性を考え込ませる事柄がある。太古の時代から人類は夜の闇を恐れた。樹上生活を離れて地上に降りたヒトにとって、夜は闇から猛獣が襲いかかってくる恐怖の時間だった。やがて人類は「火」を手に入れ、それを「灯り」として様々に改良して使っていったが、燃焼による「灯り」には明るさに限界があり、夜の闇を克服出来るものではなかった。この状態が60万年ほど続いた後、19世紀後半になって人類は電気エネルギーの「灯り」を手にした。白熱電球に始まり、放電灯、蛍光灯、ＬＥＤと低電力で高出力の光源を次々と生み出し、社会のあらゆる場所に「灯り」を拡げていった。照明人はそれを「人類への大きな貢献」と信じてやってきたのだった。夜を昼に変え、暗い室内や地下空間を昼と同じ明るさに変えて、人間が24時間活動できる環境を整え、生産性の高い便利で眠らない文明社会づくりに貢献して来た。

ところがどうだろう。最近、人工照明環境下で不規則な生活を続ける人間が、生物として共通にもつ体内時計の概日リズム（サーカディアンリズム）を混乱させて、生理的・精神的変調を引き起こしていることに気がついた。わずか１５０年という生物進化の歴史の中では非常に短い期間で、人間の科学技術が作り出した「灯り」を基にした文明と社会システムは、人の生体リズムにも変化を迫っている。明るい社会づくりに邁進して来た照明人は、こうした課題に直面して戸惑いと責任を感じ、「灯り」が作る近代社会システムが人間やその他生物に及ぼす影響の「深いアセスメント」に意識を強めている。約20年前に乾正雄先生がいち早く提示された疑問「夜は暗くてはいけないのか？」（乾1998）が、改めて人類的な課題として浮上していると言ってよい。

また、高効率光源を追求してきた結果、人が永年その下で過ごしてきた太陽光のスペクトル分布から離れた、三波長蛍光ランプやＬＥＤなど人工光の下で生活する人の生理面・精神面への影響の有無も課題としてある。そして最近はパソコンやスマートフォンなどのバックライトにこうした最新光源が使われており、これらは近距離で目を直接照射するだけに、目と脳への影響が懸念される。近年、これらの影響について調査・研究が進んでいるが、人の遺伝子レベルでの生体的影響を正しく知るには、数世代、いや数世紀以上の時間経過が必要と考えられ、最新の人工光源や照明が及ぼす人と社会への影響について、どこまで「深いアセスメント」が出来るかを、いま照明人は問われている。

同様の身近な事例として、異論があることを承知で高性能ゲーム機と情報端末機をとりあげておきたい。これらは、コンピューター技術の発展による高性能化と小型化が進み、それに載せる様々なソフトが開発されて多くの人々を虜にしてきた。さらに近年、両者はスマホに代表される携帯情報機器に組み込まれて、人間がまさにその機器に常時依存する、否、支配される時代が見えて来ている。最初にこうした高性能機器を世に送り出した企業人たちは、人の本性をどう考え、どのような人間世界の未来を考慮したのだろうか？　彼らは「それはソフトの責任であり、虜になる客の問題」と答えるかもしれない。

筆者は高性能化による情報量増大には賛成だが、量とスピード以上に「情報の質」を大事にしたい。そして「深いアセスメント」不足ともいえる機器とソフトを分離した商品化に強く疑問を感じる。また人々が「情報の質」や良否の判断をしないまま拡散させることでもたらされる「人が人として繋がった社会」の崩壊に強い危機感をもつ。

最後に、その他喫緊の例にもふれておきたい。「我々は何者で、どこから来て、どこへ向かうのか？」は、基調講演で尾本恵市先生が述べたように、人類にとっての大切な問いと考える。この中の「我々は何者で、どこから来たのか？」は、これまでに自然科学や人文・社会科学がかなり明らかにしているが、「どこへ向かうのか？」については取り組み不足ではないだろうか。

人をヒト性から切り離さず、宇宙誕生から生命誕生、そして生物進化の流れの中に捉える筆者は、このゴーギャンの問いの基底に「今を生きる我々は、祖先から受け継いだ生命を子孫へと繋ぐ継承者」という考えを見る。そして、人の使命の本質のひとつは「子育て・次世代育成」であるものの、近代文明が子育て後に長い寿命を与えてくれたという驚くべき事実の意味を、「複雑化した文明の中で・にもかかわらず未来の子孫たちにより良い生存環境を遺せ」という新しい役目を与えたものと筆者は解している。それは、自分の為ではなく、人類的視点での利他的行動の勧めであり、「未来の姿は、今を生きる人間が正しく方向を決めてその基盤を準備し、将来の人類に引き継ぐべき事柄」と位置付けたい。筆者は、尾本先生のいう「自己規制する（self-correcting）文明」の要請に強く共感をする。

ゲノム編集などの遺伝子工学やＡＩ、ＩｏＴなど急激なスピードで進展する科学技術が、人類の未来に及ぼす影響は不透明であり不安視される。だが、どの科学技術成果の実用においても、しっかりと過去に学び、生き物でもある人という存在の生理面および精神面への影響について、「総合知」を基に「深いアセスメント」をした上での「正しい判断」に最善を尽くすべきことに変わりはない。従って、実用化主体たる企業の責任は今まで以上に重く、在来の経済性や効率性、快楽性など目先の利益追求や欲望充足型の活動を超えて、真に望ましい人間世界へと発展させるべき責任の自覚が重要になる。

(3)「正しい判断」を支える「価値観」

筆者は企業の最大使命を雇用に置き、商品開発や売り上げ、利益も安定雇用実現のための手段と考えている。日本には約150万社の企業があり、その中で株式市場投資家やメディアから注目を浴びる上場企業は大企業中心の約3，600社に過ぎず、残る99・7％は中小企業で、全就業者の約70％がここに生活の足場を置いている。筆者が知る製造業界に限るが、ほとんどの中小企業経営者は日々地道な努力をして社員の雇用維持に努め、その家族の生活安定に心を配っている。そして経営困難に陥ると、社長給与は後回しにしても社員へ給与を支給し続け、必死に再建に努める経営者が数多くいる。

しかし残念ながら、規模の大小を問わず人の集団である企業には、経営トップから現場社員に至るまで様々な形の不祥事がある。この原因には、過酷な自由市場競争下での短期的な成果追求と、企業人自身の人間性、二つの問題があり、さらに掘り下げると、殆どが我欲や名声や地位への強い執着と、形式的関与のみで組織に血を通わせられない「リーダーの人間性」の問題に行き着く。組織風土はリーダーの力で変え得るものであり、企業リーダー層、中でも経営トップの責任と影響は極めて大きい。

だが、真の問題はかれらのもつ「価値観」にある。そもそも人が判断をくだす際に何らかの基準を参照するものだとすれば、「価値観」はその最たる基準にして人間性を律する規準である。ただその「価値観」も時代や環境によって変動する。だからこそそれが「本質」に根差しているかどうかが問われる。しかも「本質」に根差した「価値観」は、書物の知識だけでなく、苦しみながらも日々を生き、自らの持ち場を懸命に務める人々とその生活を共にした実体験に基づく「深い人間理解」が織り合わされてこそ、つくられるものだと筆者は考える。

「価値観」の形成に大きく与かるのは「本質」把握力である。この力については（既に示唆しておいたがここで改めて敷衍しておく――）、2500年前のインドで釈迦が「人間」と「人生」について徹底的に考え抜き、その真髄を記し遺してくれた言葉に筆者はおおいに学んだ。何にも「捉われず」「拘らず」に「ありのままに観て」「ありのままに受け容れる」時に「物事の本質」が掴める。そして「進むべき道」がスーッと見えて迷わず判断が下せる。これら一連の過程は、究極的にいえば、釈迦のいう「中道」と「知足」に導かれ、その背景には「縁起」と「無常」、即ち「世の中の全ては繋がりの中にあり、また何一つ拘るべき絶対的なものは無い。すべては変化する」という世界観の本質があり、それを筆者が（神格化された仏陀ではなく）人間釈迦への気づきから、そして究極の文系知から譲り承けたところに生まれたと考える。

たしかに実現は難しい。だが、一歩を踏み出さなければゴーギャンの問いに応える未来は拓かれない。一つの道として、最新の「総合知」を基に「人類共通の思想」（新しい人類のいわば「聖典」）を作り、世界中の人々がその思想を身につけることで、一人一人の「知」のレベルが高まり「価値観」が変わるという期待がある。これは、地道な人類的運動で、実現には長い時間を要するであろうし、世界の政治・経済界のリーダー層が意識を改め、率先してこの運動に参加することが不可欠であろうが、そのためにはまず、高い意識をもつ知識人が「人類共通の思想」を固めて、世のリーダーたちに積極的に働きかける行動が出発点となると筆者は考えている。

3. おわりに

以上、「総合知」を基にした「自己規制する文明」への転換に向けて、一つの考えを述べたが、最後に、いま企業と日本社会がかかえる新たな現実的問題に目をむけ、いくつか提言して結びとしたい。

まず企業に対して――在来の日本企業は、高い技術力と高質で均質な労働力により進化した、高性能・高品質の「モノ（製品）」作りを強みとし、国内外で活躍するとともに大きな雇用機会を生み出して来た。しかし近年、国内市場は少子高齢化社会の到来によって規模が縮小する一方、国際市場は新自由主義とグローバル化が一層進む中で、中国をはじめとする新興国企業が台頭して熾烈な競争状態となり、日本企業の将来がますます不安視されるようになっている。こうした状況に、企業は情報化社会の発展の中に活路を見出し、「モノ」から「コト」「つながり」の創造へと事業転換を進めているが、さらに大きな時代変化の波にも洗われている。本書冒頭の中村先生の論文が的確に指摘していることだが、ＡＩや高知能ロボットの登場によって仕事における「人の価値」が再評価される時代、また逆にいえば人間が最先端科学「知」の「適切な」応用によって「人間性豊かな社会」を実現させるべき時代にあって、こうした大変化を前にして企業は事業構造改革のスピードを上げざるを得ない。そのため大勢のひとびとは、配置転換や転職を迫られ、また新しい事業環境で自ら道を切り拓く創造的人間への自己変革を求められる。それは新しい知識や技術習得だけでなく、「何を」から「何のために」への思考様式の比重転換と、「自分のため」から「他人のため」への「価値観」転換が必須とされるということであり、その基本として何よりも「深い人間理解」と「物事の本質を掴む力」とを身につけなければならないということである、と言っておきたい。

これまで筆者は企業の若手を対象に「リーダーの卵養成塾」を開き、「人間を深く考える」と「本質を掴む」を二大テーマにして、微力ながらも人材育成に努めてきた。しかしそれだけでなく、さらに価値観そのものの転換をめざして、ＧＮＨ思想の日本での普及にも努めてきた。そこで、（ＧＤＰに対比される）ＧＮＨ思想を一瞥しておきたい。

筆者は10年来ブータン王国に関心をよせてきた。ヒマラヤ南麓のこの王国は「幸せの国」として日本人に知られるが、その内実から学ぶところが多い。１９６０年代に遅ればせながら開国し、仏教風土を背景にもつ穏やかな国民性の小国を近代化して発展へと導くに当たり、第4代国王を中心とする政治リーダーたちは世界の先進国が進めた経済発展の陰に多くの負の問題があることをしっかりと学んだ。その上で1976年、国王は「国民総幸福Gross National Happiness」、即ち「国民の幸福を最優先として国と経済の着実な発展を目指す」という思想を世界へ向けて明らかにした。このGNH思想はさらにブータン王国憲法典（2008公布）の第9条に、国家運営の基本原則として書き込まれ、全ての国家運営はこの原則の上に行われるようになっている。また、1998年にソウルでの「国連アジア太平洋ミレニアム会議」でそして2008年の国連総会でと続けざまにブータン王国首相ティンレイが行ったGNH思想に関する演説は各国代表に深い感銘を与え世界中に反響を引き起こした。そしてそれは、現在、国連を中心に世界各国によって進められている「SDGs（Sustainable Development Goals, 持続可能な開発目標）」運動に大きな影響を与えたとされる。

次に、大学に対して目を向けよう――今後の大学に対しても上述した「人間理解ならびに本質把握」がカギであり、それらの「潜在力」をもった学生の輩出を強く期待するが、しかし「専門知」を真剣に学ぶ中でこそ「本質把握力」が身につくと考えるので、学生がまずは専門性をしっかりと身につけることを望む。その上で、文系・理系の壁を越えた「人間」としての柔軟な思考力と総合的判断力を持つことを望む。

そのための方策の一つとして、大学教育に文系と理系を繋ぐ「人間理解」のプラットホームを築き、文・理の学生がチームを組んで現実社会や自然環境（という本来「細切れにできないもの、動的均衡によってかろうじて維持／持続されている全体的総体的なるもの」）の中に入り込み、「人間／ヒト」を考えるフィールドワークをカリキュラム化するように提案したい。

もう一つの提案は、自然科学が基礎と応用に分かれてきたように、人文・社会科学も基礎と応用の局面差にこれまで以上に留意して、応用人文科学者と応用社会科学者を育成するというものである。これら応用文系学者が積極的に社会の中へと入り込み、基礎研究「知」を読み解いて人々に影響を与える行動をしてほしい。また、こうした行動の中で「知」を深めて、逆に基礎文系の諸分野に刺激をもたらすこともあろう。というのも、理系の応用科学者や技術者は自らの成果に捉われるあまり、広い視野からの判断を欠く性向があるからであり、「科」学技術のパラドクスを正してリードするのはまさに文系の応用人文・社会科学者の役割と考える。のみならず、人間社会の方向を決めて一般市民に絶大な影響を及ぼす政治・経済界のリーダー層に対して、彼ら・彼女らを身近で啓蒙し導く、優れた「精神的指導者」役を果たすことを期待したい。

そこでは、自然・人文・社会科学の三位一体「知」に、人や社会・国家との現実関係の中でこそ生まれる経営や運営などの「実践知」を加え上げた、より大きな「総合知」が必要となるであろう。

参考文献

池内了（2012）『科学と人間の不協和音』角川 one テーマ 21。

乾 正雄（1998）『夜は暗くてはいけないか』朝日選書。

緒方知行（1996）『共感の経営』東洋経済新聞社。

尾本恵市（2016）『ヒトと文明』ちくま新書。

A・ギンブレル（2017）『生命に部分はない』福岡伸一訳、講談社現代新書。

照明学会編（2012）『照明学会誌　特集：光の生物時計機構への作用とその応用』第96巻第10号。

塚原淳一（2018）『深い智慧』郁朋社。

吉見俊哉（2016）『文系学部廃止の衝撃』集英社新書。

［つかはら　じゅんいち／総合人間学会会員／照明学会名誉会員／ＧＮＨ研究所所員］

あとがき

◆本号は、総合人間学会・第十三回大会（木村武史実行委員長、2018年6月16‐17日、明治大学・駿河台キャンパス・リバティータワー14階開催）初日のシンポジウム「科学技術時代における総合知を考える――文系学問不要論に抗して」をもとにしている。当日は尾本氏の基調講演と、それにつづく濱中・竹内・中村三氏の報告がなされたが、それらに塚原・小石川両氏の補助参加をえて一書に編み直したものである。

◆宇宙物理学から科学技術批評に転身され・活発な言論活動をくりひろげられているI会員からのコメント原稿は得られなかった。全体の構成は一貫性と安定性を確保できているか一抹の不安は残るが、もしできているとすれば、補助参加された小石川・塚原両氏と、「科学技術時代と狩猟採集時代」という軸の設定役として体に鞭うって大部のエッセーを仕上げてくださった尾本氏、のおかげである。ともあれ、ご寄稿いただいた上記六名の方々に特段の感謝をささげるとともに、関係各位のご協力にお礼申し上げたい。

最後に未来むきに二点、尾本＝ゴーギャンの「我々はどこへ」にふれておきたい。

◆「第五次科学技術基本計画」（2016‐2020年度）をご存知だろうか。そもそもは科学技術基本法（1997年制定）にもとづき策定されたもので、じつは下村通知（2015年6月）の翌春1月の閣議決定をへて現在政府が稼働させているものである。めざすべき未来社会の在り方がそこに書き込まれている。「超スマート社会」は〈サイバー空間（仮想空間）とフィジカル空間（現実空間）とを高度に融合させたシステムを構築し、もって経済発展と社会問題、二重の課題を一挙に解決する人間中心の社会〉だそうだ。別名「社会5.0」。いささか

ＰＣ基本ソフトかぶれのこの別称を掘り下げてみると、第五次基本計画の第五次にまつわるものではなく、狩猟採集社会・農業社会・工業社会・情報社会につづく第五形態の社会をさすことが判明する。尾本講演がすえる〈狩猟採集時代と科学技術時代〉の根本軸はここにも潜んでいる。尾本人類学のアクチュアリティー！　無用の用！　途方もなく長い狩猟採集時代の遺産をどう受け止めどう生かすのか、「高度融合」の内実が問われよう、第六期基本計画の策定過程で文系不要論が再来するのか・それはどんな形の不要論かの問いとともに。

◆13号が扱いきれなかった論点も少なくない。特に二つの宿題を記しておく。第一は、尾本講演録でちらりと触れられた「人類学と人間学」の関係についてであり、これはかつて「人間の終焉」を説いたM・フーコーや、最近では「ポストヒューマン」「ホモ・デウス」「人積世」論争につながりうる論点であり、（小原秀雄・第2代会長の「自己家畜化」論ともつなげて）本学会としての本格的な取り組みと態度決定が求められる。第二に、総合知と実践・実用・応用・臨床との関係がつめられる必要がある。本号で水先案内人役をつとめていただいた中村氏は近代のホッブスにつづく破壊者として、（アリストテレスの知識類型論における「スキエンティア（厳密知）」と対照される）「テクネー（技術知）」と「フロネーシス（実践知）」の二分法を現代のＡＩロボットで叩きつぶしたわけだが、今度はその中村氏が実行委員長となって、次回大会のシンポジウ「いのちのゆれの現場から実践知を問う」が開かれる。中村論文の「拡張された対話モデル」（鏡餅モデル）とともに、関係がそこで詰められ掘り下げられよう。また、塚原コメントの実用・応用や尾本講演の実践とどうつながるのか、「総合」の隘路たる湧出論的概念解釈や客観的観念論にどう向き合うのか、とも絡めて、さらなる掘り下げが期待される。

総合人間学会編集委員会委員長　阿部信行

『オンラインジャーナル 総合人間学研究』第 13 号のご案内

近年、情報の電子化、デジタル化の波は急速に広まりつつありますが、このような時代の趨勢に従い、総合人間学会では学会誌第 7 号より、書籍版とともに電子ジャーナル版の発行に踏み切りました。そして 11 号より、書籍版との区別をより明確にするため、名称を『オンラインジャーナル総合人間学研究』と改めました。学会誌アカデミック版とも形容できるオンラインジャーナルには、寄稿論文・エッセイ、一般研究論文・エッセイ、各種企画の報告論考および会員による新刊著書紹介などの学会関係資料が掲載されています。書籍版と合わせてご愛読いただくことを願っています。

◆『オンラインジャーナル 総合人間学研究』第 13 号　目次

著者一覧（執筆順）

阿部信行
〔あべ　のぶゆき／白鷗大学／法律学〕
中村　俊
（なかむら　しゅん／東京農工大学名誉教授／神経科学）
濱中淳子
〔はまなか　じゅんこ／早稲田大学／教育社会学・高等教育論〕
竹内章郎
〔たけうち　あきろう／岐阜大学地域科学部／社会哲学・生命倫理学・障がい者論〕
小石川裕介
〔こいしかわ　ゆうすけ／後藤・安田記念東京都市研究所／日本法史〕
尾本恵市
〔おもと　けいいち／東京大学および国際日本文化研究センター名誉教授／自然人類学・集団遺伝学〕
塚原淳一
〔つかはら　じゅんいち／総合人間学会会員／照明学会名誉会員／ＧＮＨ研究所所員〕

総合人間学13
科学技術時代に総合知を考える：文系学問不要論に抗して———

発　行　——2019年7月31日　第1刷発行
定　価　——定価は表紙に表示

編　者　—総合人間学会
発行者　—小林達也
発行所　—ハーベスト社
〒188-0013　東京都西東京市向台町2-11-5
電話　042-467-6441
振替　00170-6-68127
http://www.harvest-sha.co.jp
印刷・製本　㈱日本ハイコム
落丁・乱丁本はお取りかえいたします。
Printed in Japan
ISBN978-4-86339-108-6 C3300